Helmut Knöpfle

Marketing für Brenner

Kommunikation – Verkauf – Erfolg

Inhalt

Vorwort

Erwarten Sie bei diesem Buch kein klassisches A-B-C-Marketing-Werk nach den Richtlinien der Studiengänge an Universitäten für Werbung und Kommunikation. Wir beginnen nicht beim Lehrstoff der Hochschulen oder gar einem 08/15-Volkshochschul-Seminar in Werbung aller Art. Sie haben am Schluss ein Glossar wichtiger Begriffe aus dem Marketing, aus dem Sie einhergehende Aufgaben individuell für sich und Ihren Betrieb ableiten können. Was Sie als Brenner eher nicht benötigen, ist ein Nachschlagewerk, wie man Kennzahlen in eine bunte Statistik umwandelt und alles möglichst positiv darstellt. Vielmehr soll dieses Werk eine Ideenbank sein, mit einfach umsetzbaren Gedanken aus und für die Praxis.

Der wahre Zweck von Büchern sollte sein, den Geist zu eigenem Denken zu verleiten.

Sie halten einen bunten Strauß an Möglichkeiten in Händen, die Sie, lieber Leser, inspirieren sollen. Inspirieren, Ideen weiterzudenken und hinter den Horizont der Werbung und des Marketings zu blicken. Erfinden Sie Strategien, die auf Sie passen, erweitern Sie und definieren Sie Ihre eigenen Wege, um Kunden zu gewinnen und mit Ihren Produkten glücklich zu machen. Die Auffassung des Marketings, eine treffsichere Werbung betreiben zu können, ist in den letzten 100 Jahren von einer Auffassung zur nächsten gesprungen, und bisher hat keine Strategie einen hundertprozentigen Erfolg gewährleistet.

Unternehmen, Produkte, Marken und natürlich die Persönlichkeiten, die all dem vorstehen, sind so unterschiedlich, wie es Menschen auf diesem Planeten gibt.

Nehmen Sie dieses Buch als Inspiration für Ihre eigenen Ideen, die ich damit provozieren möchte. Lassen Sie Ihrer Vision freien Lauf und erfinden Sie Ihre eigene Marketing-Strategie, ganz individuell auf Ihr Unternehmen abgestimmt.

WWW
iDeA 45% is SALE!
25%
TEAM
30%
15%
7%
48%
internet
MARKETING
SUCCESS
CLOUD

Was ist Marketing eigentlich?

Schauen wir doch einfach mal im Lexikon nach. Der Begriff „Marketing" wird im Wörterbuch erklärt mit den Worten: Bereitstellung von Gütern oder Dienstleistungen, um Kundenbedürfnisse zu befriedigen.

Somit steht das Ziel relativ einfach und klar fest: Marketing soll Wünsche des Kunden ermitteln und die Produkte des Unternehmens diesen Anforderungen anpassen und somit Gewinne erzielen.

Eine weitere, sehr wichtige und höchst interessante Aufgabe des Marketings ist das Vorhersehen von Kundenbedürfnissen, was gewissermaßen an Hellseherei grenzt – Sie haben bestimmt schon bemerkt, dass neun von zehn (teilweise unüberlegten) Neueinführungen nach etwa zwei Jahren wieder vom Markt verschwunden sind. Die Aufgabe ist eher so zu verstehen, dass das Marketing Kundenbedürfnisse wecken soll, von denen der Kunde noch gar nicht weiß, dass er sie hat. Der potenzielle Kunde weiß also noch nicht, dass er ein Produkt erwerben soll – erst durch gezielte Aktivitäten des Marketings erfährt er davon, identifiziert sich damit und will das Produkt haben. So ist also die Aufgabe des Marketings nicht nur die Bewerbung von Artikeln, sondern auch eine gewisse Mitbestimmung in der Entwicklungsphase von Konsumgütern.

Spirituosenkonzerne, ihre Strategie und was man sich davon abschauen kann

Wer nicht wirbt, der stirbt, so heißt ein bekannter Slogan. Dieser Satz ist unbedingt richtig, vorausgesetzt man deutet das Wörtchen „werben“ oder „Werbung“ korrekt und kann dies für sich persönlich oder sein Unternehmen erfolgbringend umsetzen.

Aber wie geht das eigentlich, dass große Spirituosen-Marken im Fernsehen, in Zeitschriften, in Städten auf großen Plakaten und vielen weiteren Flächen so prominent zu sehen sind? Wer bezahlt das eigentlich?

Nehmen wir an, von einem bestimmten amerikanischen Whiskey werden pro Jahr über 9 Millionen Flaschen nur in Deutschland verkauft und pro Flasche wird nur 1 Euro als Werbe-Budget zugrunde gelegt. Somit ergibt dies ein Werbebudget von etwa 9 Millionen Euro, welche in einem Jahr investiert und nicht einfach ausgegeben werden können. Genügend also, nicht nur um in den Bekanntheitsgrad zu investieren, sondern auch, um parallel eine intensive Marktforschung zu betreiben. Die am besten zum Produkt passende Zielgruppe kann nun mit konstruktiv entwickelten und ansprechenden Werbemaßnahmen bespielt werden. Der Absatz soll schließlich im Folgejahr nicht nur gehalten, sondern auch gesteigert werden. Ein fantastisches Szenario, gewissermaßen eine Art Jackpot: Millionen von verkauften Flaschen, eine zahlungswillige und treue Zielgruppe, die fleißig für Absatz sorgt und volle Kassen beschert.

Glauben Sie jetzt aber bitte nicht, dies sei ein einfaches Unterfangen. Und glauben Sie auch nicht, dass dies alles so exakt geplant werden kann!

Frage lieber den erfahrenen Mann um Rat, als einen Gelehrten.

Marketing – ein Überblick

Marketing-Strategien legen fest, mit welchen Mitteln die Marketing-Ziele erreicht werden sollen. Es ist wichtig zu verstehen, was eine Strategie ist und inwiefern sie sich von einer Taktik unterscheidet. Als Strategie bezeichnet man die übergreifende Methode, die man auswählt, um innerhalb eines bestimmten zeitlichen Rahmens spezielle Ziele umzusetzen. Die Strategie befasst sich nicht mit den Details der anschließenden Umsetzung, denn dies ist dann eher der Taktik zuzuordnen. Bei all diesen Überlegungen steht folgende Frage im Mittelpunkt: **Warum soll der Kunde mein Produkt kaufen?**

Wer aufhört zu werben, um Geld zu sparen, kann ebenso seine Uhr anhalten, um Zeit zu sparen.

Ein Produkt, welches in den verschiedensten Verkaufskanälen verfügbar ist, verlangt natürlich auch unterschiedlichste Maßnahmen der Konsumenten-Ansprache. Zum einen in der Werbung, zum anderen auch in der Logistik und Verfügbarkeit für den Konsumenten. Jede Art von Verkaufsstelle hat ihre eigenen, manchmal sehr unterschiedlichen Ansprüche. Der Lebensmittel-Einzelhandel, der Facheinzelhandel, der Fachgroßhandel, die Abholmärkte und vor allem die breit gefächerte Palette der gastronomischen Einrichtungen, in denen die Marken erlebbar gemacht werden.

Stellen Sie sich vor, Sie sind Produktmanager einer bestimmten Marke und haben den Auftrag, das Budget so einzusetzen, dass die Ihnen anvertraute Marke den Absatz nicht nur hält, sondern auch noch um 50 000 Flaschen im kommenden Jahr steigert. Sie haben nahezu alle Möglichkeiten, aber welche ist nun die richtige, um eine Absatzsteigerung sicher zu erreichen? Setzen Sie auf TV-Werbung, so müssen sie zunächst einen Werbespot produzieren. Was aber ist die Story, was soll die Aussage sein, welche Zielgruppe wollen Sie ansprechen, welcher Sender und welche Sendezeit ist die richtige? Oder wählen Sie Zeitschriften und Plakatwerbung?

Vielleicht schicken Sie Promotion-Teams durch die Gastronomie und den Lebensmittel-Einzelhandel? Auch Geschenkpackungen für den Handel versprechen vielleicht Erfolg: eine Flasche mit zwei Gläsern? Oder versuchen Sie Ihr Glück mit der Vergabe von Listungsgeldern in fünfstelliger Höhe bei den großen Handelsketten, um auf einen Schlag in 2500 Verbrauchermärkten in Deutschland verfügbar zu sein? Oder Sie nehmen von allem etwas?

Alleine all diese Entscheidungen zu treffen, bringt Sie sehr schnell an Ihre Grenzen, denn die Ideen und Möglichkeiten, die aus den verschiedenen Verkaufs- und Konsumorten kommen, sind nahezu unerschöpflich. Nicht nur unerschöpflich, sondern auch so unterschiedlich, dass man sich unbedingt der Hilfe von Werbe- bzw. Promotion-Agenturen bedienen muss.

In den Werbeagenturen sitzen durchaus kreative Köpfe, die sich den ganzen Tag Gedanken darüber machen, wie man ein bestimmtes Produkt, welches vielleicht aus Marktforschungen als Idee entstanden ist, am besten weiterentwickelt und vermarktet. In diesen Kreativbüros arbeiten Leute mit den unterschiedlichsten Hintergründen und Erfahrungen: Verkäufer, Psychologen, Grafiker, Designer, Entwickler und viele weitere schlaue Personen. In ausgefeilten Workshops und Meetings werden Ideen geboren, die man als einzelner vermutlich nie zu erdenken vermag.

Die beste Einzellösung ist meist immer noch schlechter, als die schlechteste Teamlösung.

Allerdings kann die Kreativität und der Einfallsreichtum der Agenturen nicht umsonst bezogen werden – man lässt sich dies entsprechend bezahlen. Aber wie gesagt, bei einem vorgenannten Budget in Millionenhöhe ist vieles möglich.

Kreativität hat nichts mit Geld zu tun

Was macht man aber, wenn man sich keine Marktforschungsstudien und keine exklusive Werbeagentur mit sprühenden Ideen leisten kann? Welche Möglichkeiten hat man als Kleinbrenner, um effektiv und kostengünstig Strategien zu entwickeln, die ebenfalls zu einem respektablen Ziel führen?

Die einzige revolutionäre Kraft ist die Kraft der menschlichen Kreativität.

Am Anfang steht die Idee zu einem bestimmten Produkt. Sie möchten zum Beispiel einen Bitter-Likör auf den Markt bringen. Eine erste Abfüllung ist produziert, Ihnen schmeckt die Neuentwicklung sehr gut und Sie wollen am besten gleich morgen mehrere hundert Flaschen abfüllen und irgendwie an den Mann bringen. Stopp! Bevor Sie in großen Mengen produzieren, testen Sie Ihr Produkt, testen Sie Ihre Meinung und die von Ihnen erdachte Strategie der Vermarktung bzw. lassen Sie testen. Dazu benötigen Sie als Kleinbrenner keine geldvernichtende Produktentwicklungsagentur, denn Sie haben mit Sicherheit Freunde und Bekannte, die Sie in einem Qualitätszirkel zusammenführen können. Das heißt, Sie benennen eine Gruppe von Leuten, die Ihre Produkte kritisch, aber auch konstruktiv testen.

Am Beispiel eines Bitter-Likörs wäre nun folgende Maßnahme denkbar: Sie besorgen sich fünf ähnliche Mitbewerber-Produkte, die vergleichbar mit ihrer Neuentwicklung sind – also ähnlich im Geschmack, Preis und Alkoholgehalt. Ihre Qualitätszirkel-Mitglieder werden nun diese fünf Produkte plus ihrer Neuentwicklung verkosten. Ob dies in einer Gruppe gemeinsam oder einzeln geschieht, ist unerheblich. Ebenfalls soll der Verkoster nicht wissen, dass sich ein Produkt von Ihnen in der Reihe befindet. Es geht nur darum festzustellen, welches Produkt geschmacklich gut ankommt und welches nicht.

Der Erfolg liegt in der Vorbereitung.

Bei der Verkostung der sechs Produkte sind einige sehr wichtige Regeln einzuhalten: Sie präsentieren die

So könnte eine Blindverkostung aussehen.

sechs zu verkostenden Produkte ohne Nennung des Produktnamens. Der Verkoster darf die Flaschen auch nicht sehen. Sie nummerieren die Gläser, schenken an einem nicht einsehbaren Ort ein und die Verkoster probieren, ohne zu wissen, welche konkreten Produkte sich in den Gläsern befinden. Eine typische Blindverkostung. So kommen Sie zu einem neutralen und unbefangenen Ergebnis, um zu erfahren, welches Produkt den Verkostern am besten schmeckt und welches am wenigsten.

Vielleicht reicht ihnen eine kleine Anzahl an Tests und Personen nicht aus, um ein eindeutiges Ergebnis zu erzielen. Sollte dem so sein, so verkosten und befragen sie weitere Personen in gleicher Art und Weise.

Zur Degustation: Sie haben zuvor einen Verkostungsbogen erarbeitet, auf dem verschiedene sensorische bzw. gustatorische, aber auch demografische Parameter der Teilnehmer abgefragt werden. Und nun das Wichtigste: Der Verkoster muss eine Schulnote vergeben. Aber Sie kennen das mit Sicherheit: Ihr Qualitätszirkel, bestehend aus Freunden, Bekannten und vielleicht Verwandten, vermutet natürlich, dass sich ein neues Produkt aus Ihrem Hause unter den sechs Produkten versteckt und bewertet alles mit der Schulnote 2 und 3, also gut bis befriedigend. Somit stellt der Verkoster sicher, dass er bei der Bewertung nicht in Ungnade fällt, da er oder sie ja sicher ein Produkt aus Ihrer Produktion vermutet. Mehrfach 2er- und 3er-Noten sind für Sie absolut keine Hilfe. Deshalb müssen Sie die Verkoster zwingen, hart und eindeutig zu urteilen. Das funktioniert am einfachsten mit der Maßgabe, dass jede Note nur einmal vergeben werden darf. Das heißt, der Verkoster hat einen eindeutigen Gewinner mit der Note 1 und einen klaren Verlierer mit der Note 6.

Das Feedback der Verkoster ist manchmal schmerzhaft, aber es hilft.

Wenn Ihr eigenes Produkt überwiegend mit den Noten 1 und 2 abschneidet, haben Sie zumindest in dieser kleinen Zielgruppe alles richtig gemacht. Liegen die Wertungen bei Noten 3 und schlechter, steht für Sie eindeutig fest, dass bei Ihrem Produkt nochmals nachgearbeitet werden muss und die Mitbewerberprodukte besser abschneiden. Da nur Sie wissen, welche Produkte sich in der Blindverkostung befinden, können Sie ableiten, wie ein Produkt geartet sein muss, um den bevorzugten Geschmack des Verkoster-Panels, stellvertretend für Ihre Zielgruppe, zu treffen.

Vor den Erfolg haben die Götter den Schweiß gesetzt.

Vielleicht müssen Sie diese Blindverkostung auf Besucher Ihres Hofladens ausweiten und diesen Test weitere zwanzig Male oder öfter durchführen, um auf ein eindeutiges Ergebnis zu kommen. Je mehr Personen an Ihrer Blindverkostung teilnehmen, umso eindeutiger wird das Ergebnis. Die Verkoster kommen aus unterschiedlichen sozialen Schichten mit den unterschiedlichsten Geschmacksempfindungen. Vielleicht schneidet Ihr Produkt bei den ersten zehn Testern miserabel ab, vielleicht gehören gerade diese Personen nicht zu Ihrer Zielgruppe. Also: die Flinte nicht gleich ins Korn werfen,

Verkostungsbogen

Bewerten Sie folgende Produkte.
Geben Sie jedem der 6 Produkte eine Schulnote (1: sehr gut – 6: ungenügend).
Jede Schulnote darf nur ein Mal vergeben werden.
Somit haben Sie einen klaren Sieger ...und einen klaren Verlierer.

1

Eindrücke:	duftend	fruchtig	torfig	holzig	malzig
X und Note:	○__	○__	○__	○__	○__

Geruch	**positiv**	**mittel**	**negativ**
typisch	○	○	○
Balance Alkohol-Aroma	○	○	○
Geschmack:			
Typisch	○	○	○
Mundgefühl	○	○	○
Balance Alkohol-Aroma	○	○	○
Abgang	○	○	○
Harmonie:	○	○	○
Komplexität:	○	○	○

Schulnote: 1 2 3 4 5 6

2

Eindrücke:	duftend	fruchtig	torfig	holzig	malzig
X und Note:	○__	○__	○__	○__	○__

Geruch	**positiv**	**mittel**	**negativ**
typisch	○	○	○
Balance Alkohol-Aroma	○	○	○
Geschmack:			
Typisch	○	○	○
Mundgefühl	○	○	○
Balance Alkohol-Aroma	○	○	○
Abgang	○	○	○
Harmonie:	○	○	○
Komplexität:	○	○	○

Schulnote: 1 2 3 4 5 6

3

Eindrücke:	duftend	fruchtig	torfig	holzig	malzig
X und Note:	○__	○__	○__	○__	○__

Geruch	**positiv**	**mittel**	**negativ**
typisch	○	○	○
Balance Alkohol-Aroma	○	○	○
Geschmack:			
Typisch	○	○	○
Mundgefühl	○	○	○
Balance Alkohol-Aroma	○	○	○
Abgang	○	○	○
Harmonie:	○	○	○
Komplexität:	○	○	○

Schulnote: 1 2 3 4 5 6

4

Eindrücke:	duftend	fruchtig	torfig	holzig	malzig
X und Note:	○__	○__	○__	○__	○__

Geruch	**positiv**	**mittel**	**negativ**
typisch	○	○	○
Balance Alkohol-Aroma	○	○	○
Geschmack:			
Typisch	○	○	○
Mundgefühl	○	○	○
Balance Alkohol-Aroma	○	○	○
Abgang	○	○	○
Harmonie:	○	○	○
Komplexität:	○	○	○

Schulnote: 1 2 3 4 5 6

5

Eindrücke:	duftend	fruchtig	torfig	holzig	malzig
X und Note:	○__	○__	○__	○__	○__

Geruch	**positiv**	**mittel**	**negativ**
typisch	○	○	○
Balance Alkohol-Aroma	○	○	○
Geschmack:			
Typisch	○	○	○
Mundgefühl	○	○	○
Balance Alkohol-Aroma	○	○	○
Abgang	○	○	○
Harmonie:	○	○	○
Komplexität:	○	○	○

Schulnote: 1 2 3 4 5 6

6

Eindrücke:	duftend	fruchtig	torfig	holzig	malzig
X und Note:	○__	○__	○__	○__	○__

Geruch	**positiv**	**mittel**	**negativ**
typisch	○	○	○
Balance Alkohol-Aroma	○	○	○
Geschmack:			
Typisch	○	○	○
Mundgefühl	○	○	○
Balance Alkohol-Aroma	○	○	○
Abgang	○	○	○
Harmonie:	○	○	○
Komplexität:	○	○	○

Schulnote: 1 2 3 4 5 6

sondern besonders darauf achten, dass Sie möglichst unterschiedliche Personen in Ihre Verkostung mit einbeziehen.

Einen Nagel schlägt man nicht mit einem einzigen Schlag in die Kiste.

Später, wenn Sie die Daten der Verkosterbögen zusammenführen, auswerten und vergleichen, können Sie genau ablesen, welche Gruppe von Leuten auf Ihr Neuprodukt besonders gut anspricht.

Deshalb sollte der anonym gehaltene Verkosterbogen in einem zweiten Blatt weitere Informationen abfragen, um später auch Rückschlüsse auf eine mögliche Kernzielgruppe ziehen zu können, zum Beispiel Alter, Wohnort (städtisch/ländlich), Ausgeh- und Kaufverhalten etc. Dies sind hilfreiche Indikatoren, die helfen, ein Produkt in der weiteren Entwicklung gestalten zu können. Ähnliche Tests mit den Personen Ihres Qualitätszirkels bzw. Verkoster-Panels finden Anwendung im Entwicklungsfortgang der Produktausstattung, also Flaschenart, Etikett, Farbe, Schrift und Verpackung. Gleiches geschieht auch mit der Bewertung Ihres Etiketts bzw. Marken- oder Produktnamens. Allerdings ist hier die wirklich ehrliche Meinung Ihres Qualitätszirkels gefragt.

Wie kommt man an Personen, die ehrlich, konstruktiv aber auch kritisch mitmachen wollen?

In einer Blindverkostung einer Brennerei vor mehreren Jahren resultierte der Tenor, dass man keine Personen finden würde, die mitmachen wollten. Nur „mitmachen" ist auch kein guter Anspruch. Daraufhin wurden die auserwählten Personen mit dem Titel des Produkt-(mit)-Entwicklers empfangen und sehr schnell bildete sich ein eingeschworener Kreis von sehr engagierten, aber auch konstruktiv-kritischen Personen mit dem Willen zum Erfolg!

Produktvielfalt ist kein Ziel

Wenn Sie als Brenner mit Begeisterung, Optimismus und Erfindergeist am Werke sind, haben Sie ohnehin die wichtigsten Grundvoraussetzungen an Ihrer Seite. Eine Frage an Sie: Wie viele gleichartige Produkte haben Sie im Angebot? Vielleicht einen Williams-Christbirne-Edelbrand mit 40 %vol., einen Birnenschnaps mit 38 %vol., einen unfiltrierten Birnenbrand mit 42 %vol., einen holzfassgelagerten Williams mit 43 %vol., einen Williams-Likör mit 25 %vol. und vielleicht noch weitere drei oder vier Birnenvarianten? Als Obstbrenner haben Sie selbstverständlich alle Möglichkeiten, unterschiedliche Abfüllungen herzustellen. Für den Obstbrenner ist es ein Paradies, mit seinem Können verschiedene Produkte aus nur einer Obstsorte in bunter Vielfalt herzustellen. Für den Käufer oder Konsumenten ist dies oftmals nur anstrengend und teilweise auch verwirrend.

Der Mensch tut sich nicht selten schwer, Entscheidungen zu treffen.

Werfen wir einen Blick auf die Wodka-Szene. Sie erinnern sich: Noch vor wenigen Jahren haben die großen Wodkaproduzenten nicht nur ihr Hauptprodukt im Markt positioniert. Sie haben zusätzlich auch sogenannte Flavours, also Wodka mit verschiedenen Geschmacksrichtungen auf den Markt gebracht – angefangen bei Apfel, Zitrus, Kokos, Mango, Melone bis zu Vanille, um nur ein paar zu nennen. Wie viele von diesen vielen unterschiedlichen und doch gleichen Sorten sind heute noch in den Regalen zu finden? Unternehmen Sie einen Streifzug durch die Spirituosenabteilung des Lebensmittelhandels oder besichtigen Sie die Bars und Gastronomie: Wie viele Varianten einer einzigen Marke sind noch zu finden? Ich bin überzeugt, dass das Ergebnis ernüchternd sein wird. So ist vermutlich weniger doch mehr. Fragen Sie sich also kritisch: Brauche ich eine weitere Birnenbrand-Variante, wenn ich bereits fünf Abfüllungen im Sortiment habe?

Markt- und Konsumforscher tönen zu Recht: Neun von zehn Neueinführungen scheitern. Vermutlich können Sie mir dies auch bestätigen? Wenn Sie sechs verschiedene Spirituosen auf Birnenbasis im Regal in Ihrem Hofladen haben, werden vielleicht zwei davon erfolgreich sein und der Rest versteht sich als Ladenhüter.

Zu viele gleichartige Produkte im Sortiment verwirren und verunsichern den Konsumenten in seiner Entscheidung.

Mehr Absatz erreichen zu wollen, indem man noch mehr Produkte der gleichen Kategorie anbietet, anstatt sich zu fokussieren, ist als kritische Entscheidung zu betrachten. Sie verdrängen nicht andere, sondern kannibalisieren sich selbst! Sie kennen mit Sicherheit sogenannte Mono-Produkte. Eine erfolgreiche Kräuterlikör-Marke mit Hirschgeweih ist ein schönes Beispiel. Ist diese erfolgreich? Hier gibt es nur eine Antwort: Ja. Auch ein bekannter Energy-Drink aus Österreich machte es ebenfalls in Perfektion vor. Ein Produkt, ein Erfolg. Glauben Sie, dass die Sugar-free-, Red-, Blue- oder Silver-Edition nur annähernd dem Absatz der Muttermarke das Wasser reichen können bzw. kostendeckend oder gewinnbringend sind? Lassen Sie sich also nicht von äußeren Umständen oder studierten (Werbe-)Leuten beeinflussen, die Ihre Materie als Brenner nicht vollständig kennen und um Sortimentsausweitung bitten, nur um vielleicht mehr verkaufen zu können. Prüfen Sie Ihr Sortiment und Ihre Ausrichtung genau. Eine unklare und nicht durchdachte Markenpolitik spuckt wie eine nasse Rakete. Ein klar definiertes Portfolio hat Kraft, wie die Flamme eines Schweißbrenners.

Der Erfolg eines Betriebes ist nicht unbedingt von finanziellen Mitteln abhängig, sondern vielmehr von Kreativität, Einfallsreichtum und Kontinuität. Manche Produkte der Konzerne kommen, begeistern für (sehr) kurze Zeit und verschwinden wieder. Ob schlussendlich Geld damit verdient wurde, ist fraglich. Produkte zu entwickeln, die unabhängig von kurzzeitigen Trends

Ein kreatives Meeting.

in einer festen Verwenderschaft bestehen, gelten zwar als Herausforderung, sind aber die sichersten Erfolgsgaranten.

Kreative Meetings

Edward de Bono, geb. 1933, britischer Mediziner, Kognitionswissenschaftler und Schriftsteller, gilt als einer der führenden Lehrer für kreatives Denken. Er hat eine Vielzahl von Techniken entwickelt, die helfen sollen, neue Ideen zu finden und sich aus eingefahrenen Denkmustern zu lösen. Nachfolgend eine Strategie, wie die Kreativität in Meetings erheblich gefördert werden kann.

Die Aufgabe der Kreativität ist nicht, zu sehen, was noch niemand gesehen hat, sondern zu denken, was noch niemand gedacht hat, was man sehen bzw. haben will.

Die Methode der sechs konstruktiven Hüte

Meetings sind manchmal wie Minenfelder. Die meisten gehen mit Vorurteilen in ein solches Gruppengespräch.

„Das wird wieder nichts, zu viele Nörgler und Negativdenker...!“

Mit der „Sechs-Hüte-Methode“ werden Probleme, aber auch Herausforderungen am effektivsten gelöst, denn man betrachtet das Thema aus sechs verschiedenen Perspektiven. Am besten wird jede Perspektive an jeweils einen Teilnehmer des Meetings vergeben, welcher nun die Aufgabe hat, aus einer ganz bestimmten Sicht zu bewerten:

Weiß (Fakten) Dieser Typ betrachtet die Fakten – nüchtern, analytisch und wertfrei. Er verschafft sich einen Überblick. Dabei werden keine Emotionen berücksichtigt, was zu Beginn für viele nicht einfach erscheint.

Rot (Emotion) Das Bauchgefühl. Dieser Typ ist nicht rational, sondern emotional und intuitiv. Er hört auf seine innere Stimme und bewertet die Fakten.

Schwarz (Risiko) Der Kritiker. Skepsis bestimmt sein Denken. Wo lauern unbedachte Risiken und Gefahren? Was spricht gegen das Projekt? Allerdings urteilt er ebenfalls objektiv und nicht gefühlt.

Gelb (Optimismus) Dieser Typ ist das genaue Gegenteil des Schwarzmalers. Er ist ein Optimist, sucht und formuliert Chancen. Jedoch ohne Euphorie. Die obliegt allein dem Typ Rot.

Grün (Kreativität) Der Kreative hat immer Ideen. Diese sind verrückt, gehen über den Tellerrand hinaus und müssen nicht immer gut sein, aber dank seiner assoziativen Gedanken beflügelt er den Geist der anderen.

Blau (Ordnung) Er ordnet alles, moderiert, dirigiert, entscheidet. Dieser Typ sucht das beste Ergebnis, das aber nicht zwingend von ihm stammen muss, sondern von der gesamten Gruppe entwickelt wird.

Mit diesem Kreativitätsszenario kommen Sie am besten zu einem sinnvollen Ergebnis und können anhand dessen weitere Entscheidungen zur Umsetzung treffen.

Marketing – Definition, Ziele und Strategien

Was bedeutet Marketing?

Marketing ist die Bereitstellung von Produkten oder Produktideen, um Kundenbedürfnisse zu befriedigen.

Marketing kann und soll auch Kundenbedürfnisse wecken. Im Unterschied zum Verkauf strebt das Marketing an, die Kundenbedürfnisse vorauszusehen und entsprechende Produkte anzubieten bzw. in der Entwicklungsphase mit zu beeinflussen.

Plan und Entschlossenheit sind die wesentlichen Grundlagen zur Erreichung von Zielen.

Was sind Marketing-Ziele?

Ein Marketing-Ziel gibt vor, welche Produkte in welcher Stückzahl in einem bestimmten Marktsegment während eines festgelegten Zeitraums verkauft werden sollen.

Was sind Marketing-Strategien?

Marketing-Strategien legen fest, mit welchen Mitteln die Marketing-Ziele erreicht werden „können".

Beachten Sie: Wenn ein Theoretiker (also ein Innendienst-Mitarbeiter, der den Markt nur aus Büchern kennt, zwar durchaus studiert hat, aber noch nie im Außendienst war) sich an Marketing-Strategien versucht, wird es meist ohne großen Erfolg bleiben. Um erfolgreich zu sein, müssen Sie den Markt genau kennen.

Die Einfachheit als goldene Regel

Halten Sie die folgenden sieben Punkte bitte schriftlich fest.

1. Unternehmensziel
   - Welche Ziele verfolgen Sie?
   - Welche Produkte möchten Sie zu welchen (Trink-) Anlässen produzieren?
   - Wo sollen diese Produkte angeboten und verkauft werden?

Ein entschlossener Mensch kann mit einem Schraubenzieher mehr anfangen, als ein unentschlossener mit einem ganzen Werkzeugladen.

2. Kundenorientierung
   - Wer sind aktuell Ihre Kunden, Ihre Verwender bzw. Konsumenten?
   - Sind Sie mit diesem Kundenkreis zufrieden?
   - Möchten Sie Ihren Kundenkreis ggf. erweitern, z. B. vom Kaffeekränzchen-Likör hin zur Party-Spirituose?
3. Organisation
   - Einkauf, Lagerung, Produktion, Vertrieb, Verwaltung, Rechnungsstellung, Mahnwesen, Steuern, Versicherungen etc. Ist Ihre Organisation optimal aufgestellt?
   - Können Sie optimieren, Zeit und Arbeitsaufwand einsparen?
4. Dezentralisation bzw. Delegation
   - Was können Sie extern leisten lassen?
   - Haben Sie Überlegungen angestellt oder bereits Möglichkeiten in Aussicht, Aufgaben zu delegieren, um Zeit für wichtige Dinge zu schaffen?
5. Kontrolle
   - Verfügen Sie über eine effektive Kontrollmöglichkeit, um die Themenfelder Ihrer Organisation möglichst effektiv zu beherrschen?
6. Geschäftsprinzipien
   - Ist jeder Ihrer Mitarbeiter sensibilisiert auf Freundlichkeit, Kundenbetreuung, Kommunikation und Beschwerde-Management? Sind Sie sich der Außenwirkung Ihres Unternehmens bewusst. Wissen Sie, wie Sie von Kunden bzw. Konsumenten gesehen und bewertet werden?
7. Arbeitsprinzipien
   - Wer macht was?
   - Wer vertritt wen in Abwesenheit?
   - Wer hat welche Kompetenzen und kann somit Entscheidungen innerhalb möglichst kurzer Zeit treffen?

Von der Idee bis zur Markteinführung

Die Idee

- Zuerst steht die Idee – Sie haben sich etwas ausgedacht, das eventuell gut zu verkaufen ist.
- Wichtig: Vertrauen Sie nicht ausschließlich auf sich selbst. Erfolgreiche Marken hören auf ihre Konsumenten! Deshalb kann eine aufwendige Marktforschung auch von einem Qualitätszirkel übernommen werden.

Das schwerste an einer Idee ist nicht, sie zu haben, sondern zu erkennen, ob sie gut ist.

Marktforschung

- Was ist schon vorhanden? In der Regel sucht man sich Produkte, die sich sehr gut verkaufen, oder setzt auf einen neuen Trend, der absehbar noch längere Zeit laufen wird.
- Was wird als Verbesserung gewünscht? Ist man bereits an eine Produktgruppe (Likör, Brand, Schnaps, Wasser etc.) gebunden? So versucht man jetzt herauszufinden, was man besser oder anders, also interessanter machen könnte. Trinkanlass, Kaufanlass, Verpackung, Added Values und Etikett sind unter anderem die Punkte, die bearbeitet werden müssen.
- Welche Marktchancen hat das (neue) Produkt? Sogenannte Direktvertriebe, wie etwa der eigene Hofladen oder der eigene Vertrieb, haben es einfach. Als Hersteller und Händler erfahren Sie von Ihren Kunden und Wiederverkäufern sehr schnell, was gewünscht ist oder verändert werden muss.

Preisfindung

- Auf die typische Preisfrage kann man zunächst mit fiktiven Preisen reagieren. Diese sollen anfangs in der Testphase absichtlich überzogen hoch sein.
- Die Reaktion des Kunden im Testmarkt bzw. Ihres Qualitätszirkels zeigt, ob der Kunde grundsätzlich

gewillt ist, einen bestimmten (hohen) Betrag für das Produkt auszugeben.

- Falls der Testkunde das Produkt als zu teuer empfindet, genügt die Frage, wie viel seiner Ansicht nach für dieses Produkt bezahlt werden würde.
- Die Kundenreaktion in der Testphase eines Produktes bestimmt maßgeblich:
  1. ob es so ein Produkt später überhaupt geben wird,
  2. zu welchem Preis es erhältlich sein wird.
- Absolut wichtig bei Ihrer Kalkulation: Der Händler oder Wiederverkäufer muss „Spaß" haben, Ihre Produkte anzubieten und zu verkaufen. Und Spaßhaben geht nur, wenn er damit Geld verdient! Wenn Sie einen Preis von 39 Euro für ein Produkt aufrufen, welches Sie im eigenen Hofladen, gewissermaßen ab Werk, verkaufen und dem Fachhändler dieses Produkt als Wiederverkäufer für 38 Euro anbieten, wird dieser Ihr Produkt nicht aufnehmen, vielmehr Sie mit einem müden Lächeln verabschieden. Sie denken jetzt, dass so etwas nicht passiert! Doch! Ich würde es nicht schreiben, wenn es nicht so passiert wäre. Wenn der Wiederverkäufer einen Gewinn von 10 Euro und mehr pro Flasche erzielen kann, werden Sie ein freudiges Lächeln im Gesicht des Ansprechpartners sehen. Helfen Sie also dem Händler mit attraktiven Konditionen, Geld zu verdienen. Sie sind kein Antiquitätenhändler, der einmal pro Woche ein Möbelstück verkauft, an dem er erheblich verdienen muss. Sie sind in der Kategorie der Produkte, die sich schnell in größerem Umfang abverkaufen sollen.

Weiterentwicklung

- Es ist nicht damit getan, dass das Produkt gewünscht und auch verkauft werden würde. Jetzt kommt es noch darauf an, dass es auch noch gut aussieht, also die Verpackung ansprechend gestaltet ist.
- Die Produkte sollen im Wesentlichen für zwei Arten von Konsum möglich sein:
  1. zum Selbstverzehr,
  2. als Geschenk.
- Beachten Sie: Knapp 50 % der Käufe von hochwertigen Destillaten werden verschenkt.

Wenn du genug Selbstvertrauen hast und weißt, was du willst, wirst du dein Ziel auch erreichen.

Das Spontan- oder auch Impulsgeschäft

- Aufgrund des verfügbaren Einkommens und der guten Lebensumstände können wir uns Produkte leisten, die wir als Luxusgüter bezeichnen.
- Kauflust, Selbstbelohnung, Geschenke etc. haben einen regelrechten Boom.
- Waren es im Jahr 1994 noch schmale 62 % der Verbraucher, die sich ein Produkt kauften, welches sie nicht eingeplant hatten, so sind es heutzutage über 70 % der Käufer, die etwas kaufen, was nicht geplant war.
- Tankstellen machen uns vor, wie das funktioniert: Hatte man noch vor Jahren nur zum Tanken angehalten, so bekommt man heute nicht nur einen kleinen Supermarkt präsentiert, sondern auch fertig konfektionierte Blumensträuße zu fast jeder Tages- und Nachtzeit. Der eilige Tankstellenbesucher muss nicht zur Gärtnerei, um sich einen Strauß Blumen binden zu lassen, er nimmt im Vorbeigehen diesen ohne Zeitverlust mit.
- Konfektionierte Produkte als Präsente verpackt ersparen dem Kunden Zeit, er verlangt dazu auch keine großartige Erklärung, sondern hat nur ein Ziel: ein Geschenk schnell zu kaufen.

Vorkonfektionierte Geschenke – in Preis, Form und Farbe unterschiedlich.

Mann und Frau

Der kleine Unterschied von Mann und Frau bleibt bestehen. Trotz aller Veränderungen des Rollenverhaltens von Mann und Frau gibt es völlig stabil die Frauen- und Männerwelten!

Männer neigen zu kurzen, zielgerichteten Einkäufen.

Frauen hingegen neigen zu streunendem, lustbetontem Kaufen.

Resultierend aus dieser Erkenntnis bleiben geschenkartig verpackte, ansprechend präsentierte Artikel primär ein weibliches Interessengebiet.

Resümee

Bevor ein großes Unternehmen ein Produkt

- erfindet,
- anbietet,
- bewirbt,
- und erfolgreich vermarktet,

werden umfassende Informationen erhoben, um möglichst sicherzugehen, dass das Produkt auch vom Markt angenommen wird. Denn: Der Erfolg liegt in der Vorbereitung!

Sie sollten also nicht in wilden Aktionismus ausbrechen, alles Mögliche anfangen und zig-mal die Richtung wechseln, sondern

1. erkennen,
2. überlegen,
3. handeln ... in dieser Reihenfolge!

William Wrigley wurde einmal gefragt, warum er denn so viel Geld für Werbung ausgibt: „Stellen Sie sich vor, Sie säßen in einem schnellen Zug. Würden Sie dann die Lok abkuppeln?“

COMMUNICATION
BEHAVIOUR
DESIGN
Corporate
identity
CULTURE
PHILOSOPHY
LANGUAGE

Unternehmensphilosophie – Ihre Philosophie

Was heißt das eigentlich „Unternehmensphilosophie“ und braucht man das als Brenner überhaupt? Die Antwort ist einfach: Ja, denn es eröffnen sich ganz neue Horizonte durch stimmige Leitsätze für jeden, der in Ihrem Betrieb tätig ist und mit anderen Menschen kommuniziert.

Große Firmen mit Hunderten oder gar Tausenden Mitarbeitern haben eine niedergeschriebene Unternehmensphilosophie, einen Kodex oder Leitsätze, an denen sich die Angestellten zu jeder Zeit orientieren können, ob sie im Sinne des Unternehmens handeln. Die Unternehmensphilosophie gibt dem Mitarbeiter eine gewisse Sicherheit und durchaus auch eine Art Gesprächsleitfaden, wenn die Rede auf das Unternehmen zu sprechen kommt, unabhängig, ob im geschäftlichen oder privaten Umfeld.

Leitsätze für sich selbst aufzustellen, ist mit Sicherheit nicht schlecht, um immer an das persönlich gesteckte Ziel erinnert zu werden. Aber einen Leitfaden für die eigene Familie, die im Betrieb tätig ist, und vielleicht noch eine Handvoll Aushilfskräfte zu verfassen, erscheint wohl etwas übertrieben. Dennoch kann man mit dem Begriff „Unternehmensphilosophie“ eine Menge anstellen. Betrachten wir das Thema aus der Sicht des Kunden, so eröffnen sich ganz neue Gedanken.

Sie werden nicht für das Anfangen belohnt, sondern nur für das Durchhalten und Beenden.

Außendarstellung im Kontakt mit dem Kunden

Schwache Marken brauchen Kundenwerbung – für starke Marken machen Kunden Werbung.

Die Präsentation eines Unternehmens ist natürlich begründet in der Außendarstellung durch ein Logo, einen einprägsamen Schriftzug und verschiedene, zunächst visuelle Eindrücke, wie Bilder des Unternehmens in Prospekten, Katalogen oder Handzetteln, natürlich auch in den sozialen Netzwerken und der eigenen Homepage. Wir kennen diese großartigen Darstellungen von Logos, verbunden mit einem einprägsamen Satz von vielen Unternehmen, die so Vertrauenswürdigkeit und Kompetenz zeigen.

Das Wichtigste dabei ist aber immer noch die Person, die das Unternehmen nach außen vertritt. Und das sind nicht nur Inhaber oder Vorstand, sondern alle, die in diesem Betrieb tätig sind. Haben Sie beispielsweise einen eigenen Außendienstmitarbeiter oder Handelsagentur-Vertreter, der überheblich und arrogant bei Ihren Kunden auftritt, so leiden nicht nur die Produkte, sondern das gesamte Ansehen Ihres Unternehmens.

Der Verkäufer ist also einer der wesentlichen Teile in der Kette der Kommunikation Ihres Betriebes. Erst wenn diese Person vor Ort beim Kunden oder Konsumenten einen guten Job macht, Ihr Unternehmen und Ihre Philosophie positiv und kompetent darstellt, kann ein vertrauenswürdiges Image aufgebaut werden.

Wenn dies erreicht ist, kommt das Produkt ins Spiel. Nachdem Verkäufer und Image stimmen, ist es erheblich leichter, Produkte zu verkaufen oder vielmehr „kaufen zu lassen“. Produkte sind austauschbar. Edelbrände, Schnäpse und Geiste gibt es zu Genüge – kompetente und jederzeit ansprechbare Personen mit gleichbleibender Freundlichkeit und Hilfsbereitschaft, welche das Unternehmen zu jeder Zeit positiv vertreten, weit weniger. Achten Sie deshalb immer auf die positive Einstellung, die Philosophie eines Mitarbeiters, des Handelsagentur-Vertreters oder der sonstigen Personen, die Ihr Unternehmen in der Öffentlichkeit vertreten.

Die Unternehmensphilosophie in Kleinbetrieben hängt wesentlich mehr von Personen ab, als in omnipräsenten Konzernen, die sich fast ausschließlich über Werbespots, Social Media und Zeitungsanzeigen präsentieren. Sie haben mit Sicherheit auch schon mal erlebt, dass Sie bei einem Produkt eine Beanstandung hatten oder Hilfe bei Problemen suchten. Vielleicht wurden Sie mehrere Male am Telefon verbunden und schlussendlich dauerte es ziemlich lange, bis man Ihnen helfen konnte. Oder ein Außendienstmitarbeiter oder Verkäufer versprach Ihnen jederzeit Hilfe, aber Sie warteten vergeblich darauf.

Unternehmensphilosophie heißt auch, dass, wann immer der Kunde oder Konsument eine Frage hat oder Hilfe benötigt, dies umgehend bearbeitet wird. Wie unpersönlich ist es in unserer Zeit, in der man bei Fragen am Telefon zunächst in der Warteschleife hängt und dann mit einer Computerstimme vorliebnehmen muss, bis die Anfrage durch Eingabe von Zahlen kategorisiert ist, um dann nach wertvollen Minuten ein weiteres Mal sein Anliegen einem Sachbearbeiter mitzuteilen. Für Sie im mittelständischen Betrieb ist es ein wichtiger Aspekt, sofort eine Lösung herbeiführen zu können. Der Kunde, der sich eine Information wünscht, fühlt sich sofort persönlich ernst genommen und dies bindet in einer anonymen Welt mehr denn je an ein inhabergeführtes Unternehmen.

Ihre Philosophie sind keine niedergeschriebenen Worte. Es ist Ihre Lebensart, welche die Menschen begeistert.

Unternehmensphilosophie hat viel mit Persönlichkeit zu tun, und nur ein Mensch kann eine intensive und langfristige Bindung an ein Unternehmen und dessen Produkte herbeiführen.

Persönlichkeit zeigen

Natürlich ist der Alltag geprägt von Routine. Natürlich kommen oft die gleichen Fragen der Kunden und Besucher der Brennerei. Natürlich kommen mehrfach pro Woche Anfragen zu Sponsoring und Leihgaben oder Geschenken. Dies soll aber nicht langweilig werden, sondern ein stetiger Prozess des Besser-Werdens sein.

Mit wachsender Begeisterung das Gleiche tun

Jeden Tag haben Sie mit Kunden zu tun. Jeden Tag kommen die gleichen Fragen. Jeden Tag sind Ihre Aufgaben mehr oder weniger gleich. Jeden Tag stehen Sie als Unternehmer, Verkäufer und Brenner in der Verpflichtung, Ihr Unternehmen erfolgreich zu führen. Machen Sie eine Tugend daraus, gut gelaunt zu sein und stets im Dienste

So sieht Begeisterung aus.

Ihrer Kunden und Konsumenten für Fragen und Wünsche verfügbar zu sein. Der Erfolg im Umgang mit Menschen beruht auf dem Erkennen und dem Verständnis für den Standpunkt der Kunden. Finden Sie heraus, was Ihre Kunden begeistert und motiviert, und Sie werden Spaß haben, Konsumenten glücklich zu machen und Geschäfte zu vereinbaren – und das jeden Tag aufs Neue.

Das optische Erscheinungsbild des Verkäufers

Der Mensch, so sagt man, nimmt seine Umgebung zu etwa 80 % mit den Augen wahr. Das heißt, wir entscheiden zunächst optisch, ob uns etwas gefällt oder nicht. Beim Kundenkontakt haben Jesus-Latschen, Jogginghose und Mickey-Mouse-T-Shirt als Kleidung nichts zu suchen. Verkäufer und Repräsentanten sind stets gepflegt, gut gekleidet und vermitteln so auf unbewusster Ebene Fachwissen und Kompetenz. Egal wo Sie hinblicken – Verkaufsberater im Autohaus, Versicherungsvertreter, Bankangestellte und alle anderen Arten von Ansprechpartnern oder Beratern jedweder Sparte – sie sind immer gut gekleidet. Es stimmt, Kleider

Positives (oben) und negatives (unten) optisches Erscheinungsbild.

machen Leute. Aber nicht nur dort spielt die Optik eine wichtige Rolle. Wie ist das „Kleid“ Ihres Betriebes. Besucher Ihrer Brennerei entscheiden auch hier zuerst nach dem Aussehen. Ist das Erscheinungsbild Ihres Betriebes eine Augenweide? Verliebt man sich in die vielen kleinen, liebevoll dekorierten Details Ihres Hofladens oder Ihrer Brennerei? So ist das erste Plus auf dem Weg zu einer langanhaltenden und erfolgreichen Geschäftsbeziehung bereits erreicht.

Pünktlichkeit und Zuverlässigkeit

Wenn man Sie als Vertreter Ihres Unternehmens zu einem Termin erwartet, seien Sie unbedingt pünktlich. Egal zu welchem Anlass, auch wenn er unwichtig erscheint. Wenn Sie einmal den Stempel als unpünktlich auf der Brust tragen, werden Sie ihn so schnell nicht wieder los. Geschäftspartner und Kunden schätzen, genau wie Sie, das pünktliche Erscheinen zu einem vereinbarten Termin. Pünktlichkeit ist die eindeutigste Form von Respekt.

Seien Sie ebenso zuverlässig, wenn es um getroffene Absprachen geht. Versuchen Sie, wenn möglich, sogar schneller als vereinbart die Zusagen einzuhalten und überraschen Sie so mit korrekter Handlungsweise. Getroffene Vereinbarungen sollten nicht nachjustiert werden. Der Kunde möchte sich schließlich auf Sie verlassen. Ein Nachtarocken, vielleicht bereits öfters in der Vergangenheit geschehen, stellt das Ansehen in ein schlechtes Licht mit den Worten „auf den kann man sich sowieso nicht verlassen…“. Das Einhalten von Vereinbarungen wird sich in Folgekäufen und in einer langfristigen Geschäftsbeziehung widerspiegeln. Je stärker die Verknüpfung zwischen Ihrem Unternehmen und den positiven Erinnerungen des korrekten Handelns ist, umso geringer ist die Gefahr, dass sich der Kunde in die Hände eines Mitbewerbers begibt.

Pünktlichkeit zeugt von Respekt.

Ständige Arbeit an sich selbst

Wenn Sie in Ihrer Brennerei Verkostungen moderieren oder Führungen durch Ihren Betrieb anbieten, dann ist es wichtig, perfekt präsentieren zu können. Mimik und Gestik sind eins, Abläufe verständlich schildern zu können, das andere. Eine wohlklingende Stimme und das Wissen um den Einsatz von Emotionen und Modulation der Stimme während eines Vortrags, auch wenn er nur 15 Minuten dauert, sind entscheidend, um Personen für sich zu gewinnen. Die Besucher sollen im Anschluss nach Hause gehen und all ihren Freunden und Bekannten erzählen, wie spannend und erkenntnisreich Ihr Erzähltes und Gezeigtes war. Dies soll so weit gehen, dass diese Personen, die nur davon gehört haben, ebenfalls in den Genuss Ihres Vortrags und Ihrer Spirituosen gelangen möchten.

Für den Fall, dass Sie bestimmte Fähigkeiten der Vortragstechnik noch nicht beherrschen, besuchen Sie zum Beispiel einen Rhetorikkurs und werden Sie zum Redner und Kommunikator, der die Besucher in den Bann Ihres Betriebes und Ihrer Produkte reißt. Begeistern Sie Ihre Zuhörer – man wird Ihnen die beste Unternehmensphilosophie nachsagen. Die Investition in Wissen zahlt die besten Zinsen!

Arbeiten Sie weiterhin an sich selbst.

Vorbilder können motivieren.

Am richtigen Vorbild orientieren

„Ich bin so wie ich bin und ich ändere mich nicht, weil alle anderen in der Branche auch so sind“. Diese Aussage ist keine Option. Orientieren Sie sich an Vorbildern, die Sie motivieren. Schieben Sie Ihren noch nicht eingetretenen Erfolg nicht auf die Politik, das Wetter oder andere Umstände. Verinnerlichen Sie, dass in Ihnen ein Sieger steckt, der alle in seiner Umgebung für sich und seine Produkte begeistern kann. „Die beste Show gewinnt“, heißt nicht, dass Sie ein Theater wie ein Clown aufführen müssen, aber wenn Sie auf der Bühne Ihres Unternehmens stehen, hat der Kunde und seine Begeisterung für Sie absolute Priorität. Kunden kaufen nur, wenn Begeisterung, gute Laune und positive Gefühle im Spiel sind.

Aus Niederlagen kann man lernen.

Niederlagen wegstecken

„Dort wo Sonne ist, ist auch Schatten“, das sollte uns bewusst sein. Es ist nicht jeder Tag gleich. Vielleicht werden Sie durch Gesetze unter Druck gesetzt, ein Mitbewerber unterbietet den Preis und vielleicht können Sie an einer Messe nicht teilnehmen, weil sich unerwartet mehrere Mitarbeiter krankgemeldet haben. Auch wenn Sie eine Schlacht verlieren, ist dies noch lange kein Grund, in Pessimismus zu verfallen. Überlegen Sie, warum eine Niederlage eingetreten ist. Kehren Sie diesen Umstand nicht einfach unter den Teppich. Versuchen Sie diese Situation genau zu analysieren und treffen Sie Vorbereitungen, dass dieser Umstand nicht mehr eintritt.

Es ist noch kein Meister der Kommunikation vom Himmel gefallen.

Kommunikation und Kontaktfähigkeit

Wenn Sie zum Beispiel zu Veranstaltungen eingeladen werden und nicht so recht wissen, worüber man mit unbekannten Leuten spricht, freuen Sie sich dennoch darauf! Jede Veranstaltung hat die Chance, neue Leute und vor allem neue Kunden kennenzulernen, die für Ihr Unternehmen und Ihre Produkte begeistert werden können. Unsicherheiten Ihrerseits im Kontakt mit fremden Personen trainieren Sie am besten mit Ihrer Familie oder mit Freunden. Setzen Sie sich im Kreise dieser auf „den heißen Stuhl" und lassen Sie sich mit Fragen und Aussagen konfrontieren, auf die Sie antworten müssen. Natürlich mit dem Ziel, Ihre Arbeit positiv darzustellen. Dabei dürfen die Trainingspartner auch Aussagen bringen, die „unter die Gürtellinie" gehen. Zum Beispiel: „Sie fördern ja nur den Alkoholismus!" Wie reagieren Sie darauf? Eine mögliche Antwort könnte sein, dass Sie keine Wirkungsdroge herstellen, sondern ein Genussmittel. Und diese in Ihrem Haus keineswegs für 5,49 Euro angeboten werden. Sie produzieren ausschließlich für eine genussorientierte Zielgruppe, die eine hohe Qualität zu entsprechendem Preis erwartet.

Fremde Personen freuen sich, eine charismatische Persönlichkeit mit Wissen und Liebe zum Produkt kennenzulernen. Überlegen Sie sich, was bei bestimmten Veranstaltungen passiert, bereiten Sie sich darauf vor und werden Sie ein Meister der Kommunikation. Haben Sie keine Angst vor solchen Terminen. Jahresveranstaltungen, Versammlungen, regionale Wirtschaftstreffs und viele weitere Events in Ihrer Region bieten die perfekte Plattform, um Ihr Unternehmen darzustellen. Wenn Sie sich fremden Personen vorstellen, erinnern Sie sich an die Formel:

1. Wer bin ich?
2. Was kann ich?
3. Was hast du davon?

Der zentrale Punkt ist, nicht nur darüber zu sprechen, was für eine tolle Persönlichkeit man selbst ist, sondern den Nutzen für den Gesprächspartner herauszustellen. Zeigen Sie Ihrem Gegenüber, welche Vorteile die Zusammenarbeit, Produkte und Leistungen Ihres Unternehmens bietet. Dabei geht es nicht nur um die Produktion von Alkohol, sondern um das gesamte Umfeld: Vielleicht haben Sie die Möglichkeit, personifizierte Flaschen zu Jubiläen produzieren zu können etc., also Dinge, die die Konzerne nicht leisten können.

Sie kennen sicherlich die Fernsehserie „Das Traumschiff“. Zum Schluss findet das traditionelle Kapitäns-Dinner statt, in Schottland sind die Besucher entzückt davon, mit dem Distillery-Manager ein Whisky-Dinner nach einer Brennereiführung zu begehen. Wieso denn nicht auch ein regionaltypisches Abendessen mit Ihnen, nachdem sich der Teilnehmer nach einer Führung eine Flasche selbst abfüllen konnte. Das Ganze wird besiegelt mit einer von Ihnen unterschriebenen

Urkunde und einem Foto – ganz persönlich für jeden Teilnehmer.

Sie sehen, Unternehmensphilosophie ist nicht nur ein einziger Satz. Ihr Unternehmen und Ihre Philosophie sind weitaus mehr. Sie sind nicht nur „Schnapsherstel-ler“! Sie haben etliche Möglichkeiten, Ihre Mitmenschen für Ihre Philosophie, Ihre Ideen, Ihre Produkte und Ihr Unternehmen zu begeistern. Lassen Sie die Menschen einfach daran teilhaben!

MARKETING
PLAN

Ihr Marketing-Plan

Was heißt das eigentlich „Marketing“ bzw. „Marketing für Brenner“? Gutes Marketing soll so einiges an Erfolg versprechen, aber man sollte mit den Fakten und den beeinflussenden Faktoren vertraut sein, um seine Produkte begehrenswert zu machen.

Um mit Ihrem hauseigenen Marketing Erfolge zu erzielen, können Sie zum Beispiel Marketing über mehrere Jahre hinweg berufsbegleitend studieren oder sich mit unzähligen Fachbüchern eindecken und im Selbststudium alles lernen, was wichtig ist. Danach werden Sie vielleicht erkennen, dass man für die erlernten Strategien einen nahezu unbezahlbaren Stab an Personal braucht, um all das Erlernte umzusetzen.

Sie könnten natürlich auch jemanden einstellen, der Marketing studiert hat und schon erste Erfolge nachweisen kann. Diese Person könnte Ihnen helfen, Ihre Produkte mit den richtigen Strategien zu vermarkten. Vorsicht sei nur dann geboten, wenn sich jemand um diese Position bewirbt, der vorher im Marketing für Duschgel, Schokolade, Hundefutter oder Ähnliches tätig war. Marketing-Leute wechseln heutzutage nicht selten im Rhythmus von zwei Jahren von einer Branche in die nächste und glauben fest daran, dass jede Marke gleich funktioniert. Dass dem nicht so ist, können Sie an verschiedenen Beispielen auch aus der Spirituosenbranche nachvollziehen. Das Thema Marketing ist so vielschichtig, dass es zunächst nur als Basis dienen kann, jedoch nicht als allgemeinverbindlicher Führerschein für jede Art von Konsumartikel. Mit einem Mofa-Führerschein können Sie zwar am Straßenverkehr teilnehmen, müssen aber Ihr Wissen für das Führen eines Lkw erheblich erweitern. Wenn Sie im Un-

Was alle erfolgreichen Menschen miteinander verbindet, ist die Fähigkeit, den Graben zwischen Entschluss und Ausführung so schmal wie möglich zu halten.

ternehmen einen Lkw-Fahrer brauchen, werden Sie sich sicherlich nicht nach einem Mann umsehen, der nur eine Ausbildung als Lokführer hat!

Welches sind die wesentlichen und erfolgbringenden Hintergründe des Marketings und wie geht man mit diesem Thema richtig um? Bitte erwarten Sie nicht, dass Sie mit wenigen Seiten in diesem Buch zum Marketing-Profi werden. Wir kratzen allenfalls an der Oberfläche mit der Absicht, ein paar Ideen entstehen zu lassen, in die Sie in Zukunft vielleicht mehr Zeit investieren wollen. Stellen Sie sich am Anfang die einfache Frage: **Warum soll der Kunde mein Produkt kaufen?**

Bedienen Sie Märkte nicht nur, sondern erschaffen Sie Märkte.

Marketing ist die Bereitstellung von Produkten. Dem vorausgehend sind Produktideen, um Kundenbedürfnisse zu befriedigen. Wobei Marketing auch den weiteren Sinn haben soll, Kundenbedürfnisse zu erkennen oder gar zu wecken. Im Unterschied zum letztendlichen Verkauf strebt das Marketing an, die Kundenbedürfnisse vorauszusehen, zu beeinflussen und entsprechende Produkte anzubieten bzw. in der Entwicklungsphase mit zu entwickeln.

Hier haben wir in der Spirituosenbranche in Deutschland ein schönes Beispiel: Noch im Jahr 2006 hatten wir etwa 45 Whiskyhersteller, im Jahr 2018 waren es weit über 200! Zu hinterfragen wäre, ob jeder für sich selbst die Idee hatte, Whisky herzustellen, oder ob man sich gegenseitig angesteckt hat.

Wenn man den Blick in der Spirituosenlandschaft schweifen lässt, sieht man aktuell mehr und mehr Ginsorten auf den Markt drängen. Lassen Sie sich bitte nicht gleich dazu hinreißen, jetzt auch einen Gin herzustellen – davon gibt es mittlerweile mehr als genug. Richten Sie vielmehr den Blick in die Zukunft und versuchen Sie stattdessen nicht einem Trend nachzulaufen, sondern der Erste des nächsten Trends zu sein. Marketing beschäftigt sich nicht nur mit der langfristigen Vermarktung von Produkten, sondern auch mit dessen Entwicklung und der Schaffung von Trends.

Hilfreich sind drei Schritte:

Marketing ist keine Raketenwissenschaft.

1. die Marktanalyse,
2. die Marktbeobachtung,
3. die Marktprognose.

Marktanalyse

Bevor Sie sich entscheiden, zum Beispiel ein neuartiges und vielleicht unverkennbares Produkt auf den Markt zu bringen, analysieren Sie Ihren Absatzmarkt.

- Welche Produkte und Preise sind in ähnlicher Weise bereits vorhanden und vielleicht schon durch Mitbewerber in Ihrer Umgebung auf dem Markt?
- Welche Hauptwettbewerber haben Sie und welche Vertriebsstrategie wird verfolgt?
- Wie sind Ihre Mitbewerber aufgestellt?
- Wie ist deren Organisation, das Auftreten, das Verkaufs- und Gesprächsverhalten?
- Wie sind Sie selbst organisatorisch aufgestellt – wo gibt es mögliche strategische Ansatzpunkte, um interessanter und beliebter als die Mitbewerber zu sein?
- Nach welchen Aspekten wollen Sie einen Teilmarkt, z. B. die Gastronomie, durchleuchten, um Bedürfnisse festzustellen?

Richtig, das sind viele Fragen. Aber diese sind notwendig und wichtig und sollten vorher genau erarbeitet und beantwortet werden, um nicht ins Blaue hinein zu arbeiten. Weil momentan viele Produzenten auf einen Trend aufspringen, wird der Anteil für den einzelnen möglicherweise sehr klein.

Um an Informationen des Absatzmarktes zu kommen, nutzen Sie alle Quellen und Netzwerke, die Sie in Ihrer Umgebung finden: Mitarbeiter und Familienmitglieder, die im Dienste Ihres Unternehmens tätig sind, Kunden, Lieferanten, Ihr Bekanntenkreis, Kammern und Verbände. Kooperationspartner und Branchenkollegen können ebenfalls als Informationsgeber dienen. Bedienen Sie sich der Presse, egal ob Lebensmittel-Zeitschriften, Bar- und Gastro- oder Lifestyle-Magazine sowie sonstige, auch internationale Fachzeitschriften. Hier können Sie frühzeitig erkennen, was aktuell in den USA oder in anderen Teilen unserer Erde gegebenenfalls mittelfristig zu uns kommen wird. Auch Social-Media-Plattformen zeigen Ihnen, was hinsichtlich Spirituosentrends in anderen Ländern passiert. Hören Sie nie auf, sich für Informationen aus der Szene zu interessieren.

Marktbeobachtung

In der heutigen Zeit hat man den Erfolg nicht nur mit Neuerfindungen, sondern eher mit Verbesserungen.

Beobachten Sie ebenfalls Ihren eigenen Absatzmarkt und Ihre Vertriebswege. Welche laufen gut, welche sind rückläufig und welche laufen gar nicht. Befragen Sie Ihre Absatzmittler, also auch Agenturen, Verkaufsstellen und Händler, warum das so ist. Wie bereits beschrieben, hilft Ihnen hier auch ein Qualitätszirkel, bestehend aus Personen, die Ihre Produkte konstruktiv, aber auch kritisch beleuchten, bewerten und hinterfragen. Parallel dazu erscheint auch interessant, wie sich die Produkte der Mitbewerber verhalten. Was machen sie besser und was kann man davon lernen?

Marktprognose

Scheuen Sie sich nicht, nachdem Sie genau analysiert und gut beobachtet haben, eine Prognose zu stellen. Je öfter Sie bei Ihrer Kundschaft unterwegs sind, desto besser wird Ihr Verständnis für den Markt. Aus den vielen Gesprächen mit Kunden und Konsumenten können Sie als erfahrener Hersteller von hochwertigen Destillaten durchaus Trends im Entstehen erkennen und diese bereits in den Anfängen mit passenden Produkten mitgestalten. Wagen Sie ruhig eine Prognose, besprechen und diskutieren Sie in Ihrem Team, wie sich der Markt entwickeln wird. Nach intensiven Gesprächen und Kundenkontakten sind Sie durchaus in der Lage zu erkennen, was sich Konsumenten wünschen, welche Problemlösungen oder Verkaufshilfen ein Wiederverkäufer benötigt und wie sich weitere Verkaufsmöglichkeiten gestalten lassen.

Wenn Sie Analyse, Beobachtung und Prognose zusammenführen, sollte ein ziemlich genaues Bild Ihrer bevorstehenden Aktivitäten entstehen, die wir als Marketing-Strategie bezeichnen.

Marketing hat ein einziges Ziel: Menschen glücklich machen.

Für bestehende oder neue Produkte sind Marketing-Ziele individuell zu erarbeiten. Wie verhalten sich bereits bestehende Produkte auf bekannten Absatzmärkten und wie würden sie sich auf neuen Kanälen beweisen? Abgeleitet von der Prognose entwickeln Sie Ihre Ziele.

Ein Marketing-Ziel gibt die Vorgaben, welche Produkte in welcher Stückzahl in einem bestimmten Marktsegment während eines festgelegten Zeitraums verkauft werden sollen. Um diese Ziele zu erreichen, werden Strategien, also Wege zum Ziel bereitet: Marketing-Strategien legen fest, welche Mittel nötig sind, um diese Ziele zu erreichen.

Allerdings, und nochmal gesagt, sollten diese Aufgaben nicht nur von Theoretikern erledigt werden, die den Markt nur aus Zeitschriften und Meinungen anderer kennen und noch nie selbst im Markt unterwegs waren. Um Tennisprofi zu werden, reicht es nicht, nur Bücher zu lesen und Lehrvideos anzusehen, aber selbst nie einen Ball übers Netz geschlagen zu haben. Um Profi, auch Marketing-Profi zu werden, muss man dorthin gehen, wo der Markt pulsiert, der Kauf stattfindet und der Konsum passiert. Es gibt einige Produzenten, eigentlich faszinierende Persönlichkeiten, die ihre Produkte lieben und nie ein Marketing-Buch gelesen haben, dennoch treffsicher ihr Marketing gestalten. Warum? Weil sie den Markt kennen und wissen, was der Konsument will. Nicht anders herum.

Erfolgreiche Marken hören auf ihre Konsumenten.

Optimieren Sie in Ihrer Strategie den Kundennutzen, anstatt sich nur auf Kostenreduzierung und Gewinnerhöhung zu konzentrieren.

Wenn man Hundefutter verkaufen will, muss man erst einmal die Rolle des Hundes übernehmen, denn nur der weiß genau, was Hunde wollen. Gleiches gilt für Sie als Brenner. Kennen Sie die Umstände, Gelegenheiten und Trinkanlässe, zu denen Ihre Produkte konsumiert werden und versuchen Sie, die Einstellung Ihrer Kunden zu Ihrem Unternehmen zu erfahren?

Die vier „P"s des Marketings

Wenn Sie einen Euro in Ihr Unternehmen investieren wollen, so müssen Sie einen zweiten bereithalten, um das bekannt zu machen.

Betrachten Sie folgende vier Faktoren:

- Das **P**rodukt, das verkauft werden soll. Passt es zu der von Ihnen definierten oder gewünschten Zielgruppe?
- Die **P**reispolitik. Sind Ihre Wunschkunden in der Lage oder gewillt, den von Ihnen erhobenen Preis zu bezahlen?
- Die **P**romotion, also die Verkaufsförderung für das Produkt. Spricht die bisherige Werbung zu einem Produkt genau die Zielgruppe an, die Sie haben wollen?
- Die **P**latzierung, sprich die Vertriebswege. Sind Ihre Produkte an den bestimmten Orten (im Handel, in Geschäften, in Lokalen etc.) erhältlich, wo sie der potenzielle Konsument aufgrund Ihrer Werbung erwartet?

Ihr Logo: kurz, prägnant, unverwechselbar

Prüfen Sie: Ist Ihre Marke einzigartig oder besteht die Gefahr, vertauscht oder verwechselt zu werden? Sind

Ihre Aussagen auf Plakaten, Prospekten, Katalogen und im Internet kurz und prägnant, aber auch verständlich?

Im Laufe der Zeit gewöhnt sich der Mensch an bestimmte Logos und Formen. Ein Beispiel: Wenn Sie mit dem Auto unterwegs sind, können Sie schon von Weitem an Form und Farbe erkennen, um welche Tankstellen-Marke es sich handelt, ohne den Namen aus der Entfernung lesen zu können. Setzt man zu dem Logo eine kurze Aussage, wird die Marke umso einprägsamer. Sie kennen sicherlich einige Beispiele, denen wir täglich begegnen: „Vorsprung durch Technik" oder „Freude am Fahren". Auch der Slogan „Gute Preise, gute Besserung" ist Ihnen bekannt und viele weitere prägnante Aussagen haften vermutlich auch in Ihrem Kopf. Achten Sie darauf, dass eine kurze, leicht auszusprechende Aussage Ihr Firmenzeichen begleitet, im Laufe der Zeit werden Sie unverkennbar.

Ein Signet oder Logo ist dann gut, wenn man es mit einem Stock in den Sand ritzen kann.

Aber Vorsicht: Verwenden Sie keine bereits bestehenden Schlagwörter. Diese werden Ihnen nicht helfen. Sie werben dann für den größeren und bekannteren Anbieter mit. Ein Beispiel: Ein Lokal hatte vor einiger Zeit mit dem Spruch: „Die neue ESS-Klasse" geworben. Das Lokal wollte so auf sein Speisensortiment aufmerksam machen, hat aber unbewusst eine ganz bestimmte Automarke als Assoziation in die Köpfe der Betrachter gerufen. Das sogenannte Trittbrettfahren funktioniert in der überwiegenden Anzahl der Fälle nicht. Bleiben Sie bei Ihrer eigens kreierten Aussage. Mit ein bisschen Kreativität finden Sie mit Sicherheit die passenden Worte, die Ihr Unternehmen im Licht des Genusses erstrahlen lassen.

Von anderen lernen

Das Thema Marketing ist keine statische Angelegenheit und bedarf auch nicht zwingend eines mehrjährigen Studiums. Versuchen Sie von erfolgreichen Marken zu lernen, schalten Sie abends beim Fernsehen nicht um, wenn Werbeblöcke zwischen Spielfilmen gezeigt werden. Analysieren Sie die Strategie, Technik und Taktik derer, die viel Geld in TV-Werbung investieren und prüfen Sie kritisch und konstruktiv, was daran gut ist und was Sie persönlich bei Ihrer Marke verändern oder besser machen würden. Betrachten Sie jede Werbeanzeige, jedes Inserat auf Glaubwürdigkeit mit der Frage, ob Sie sich angesprochen fühlen oder nicht. Und finden Sie heraus, warum? Lernen Sie so, Kreativität und neue Ideen entstehen zu lassen. Übertragen Sie diese Erkenntnisse auf Ihr Unternehmen und versuchen Sie ganz einfach: Menschen glücklich zu machen. Das ist die Aufgabe Ihres Marketings.

Die 10 Regeln des Marketings

Der eine wartet, bis die Zeit sich wandelt, der andere packt sie kräftig an und handelt.

1. Wer die Ausgangslage richtig einschätzt, hat einen guten Start mit seinen (neuen) Produkten
   ▸ Verschaffen Sie sich einen detaillierten und vor allem ehrlichen Überblick über Ihre aktuelle Situation.
2. Nur wer das Ziel kennt, findet auch den Weg dorthin
   ▸ Machen Sie sich Gedanken über das Ziel Ihres Unternehmens und definieren Sie dann einzelne Teilziele, die Sie im Laufe eines Jahres erreichen wollen.
3. Persönlichkeit ist Trumpf
   ▸ Austauschbare Produkte und die Überall-Erhältlichkeit von Produkten erfordern eine unverwechselbare persönliche Identität des Unternehmers.
4. Sprechen Sie die Sprache Ihrer Kunden
   ▸ Wählen Sie Ihre Zielgruppe und deren Kommunikationsarten und Kommunikationswege und passen Sie Ihr Marketing entsprechend an. Vergessen Sie nicht: Sie werden nie alle möglichen Kunden erreichen können.

5. Ein Edelbrand bleibt ein Edelbrand
   ▸ Jeder Artikel besteht aus dem Kernprodukt und der Produktaura bzw. dem Produktumfeld. Inszenieren Sie Ihre Produkte und laden Sie sie so mit zusätzlichen Kundenbindungselementen positiv auf.
6. Arbeiten Sie vernetzt
   ▸ Suchen Sie interessante und kooperationswillige Aktions-, Werbe- und Informationspartner, die die gleiche Zielgruppe ansprechen, und binden Sie somit Ihre Kunden stärker an sich.
7. Nur wer auffällt, wird auch wahrgenommen
   ▸ Seien Sie kreativ, verlassen Sie die Reihe der grauen Mäuse und gehen Sie in Ihren Werbeaktivitäten neue Wege. Ihre bestehenden und vor allem Ihre neuen Kunden wollen immer wieder neu begeistert und fasziniert werden.
8. Pfiffige Ideen und Improvisationstalent sparen Geld
   ▸ Inszenieren Sie Ihre Schaufenster und Ihren Hofladen wie ein Bühnenstück und nutzen Sie dabei auch das Potenzial Ihrer Mitarbeiter und deren Netzwerke.
9. Wer nicht lächeln kann, sollte kein Geschäft eröffnen
   ▸ Begeistern Sie sich selbst immer wieder für Ihre Aufgaben und geben Sie dann etwas von Ihrer positiven Ausstrahlung an Ihre Kollegen und vor allem auch den Kunden ab. Kein Kunde möchte als Belastung oder Störfaktor empfunden werden.
10. Lösen Sie die Probleme Ihrer Kunden
    ▸ Vermitteln Sie Ihren Kunden das Gefühl, deren Probleme am besten lösen zu können. Individuelle Geschenkpackungen oder Sonderabfüllungen können Sie viel besser anbieten, als ein großer Industriebetrieb.
    ▸ Es gibt keine bessere Grundlage für eine effektive und überaus kostengünstige Mund-zu-Mund-Propaganda.

Checkliste Ihrer Marktsituation

Die Investition in Wissen zahlt die besten Zinsen.

- Gibt es weitere (Nachfrage-)Potenziale auf Märkten, also Verkaufsstellen, die durch Ihr Unternehmen bedient werden können (Fachhandel, Getränkefach-Großhandel, Gastronomie etc.)?
- Können Sie die Nachfragepotenziale ausweiten, aber auch bedienen?
- Ist die Marktstellung Ihres Unternehmens zufriedenstellend?
- Wie wird die Marktstellung voraussichtlich in zwei bis drei Jahren aussehen?
- Haben Sie Maßnahmen geplant, um Ihre Ziele und Absätze auch künftig zu sichern?
- Gibt es neben den bestehenden Märkten noch weitere Märkte, auf denen Sie agieren könnten? Wenn ja, welche? Als Markt kann auch ein Vertriebskanal oder Export in Erscheinung treten.
- Auf welchen Märkten bzw. Absatzkanälen lohnt es sich, aktiv zu werden? Gibt es kurz-, mittel- oder langfristige Möglichkeiten?
- Gibt es unergiebige oder unsichere Märkte, auf denen Sie derzeit agieren?
- Haben Sie Maßnahmen geplant, sich von unsicheren Märkten zurückzuziehen?
- Gibt es Maßnahmen, um diesen Rückzug auszugleichen?

Die SWOT-Analyse

Die vier Buchstaben der SWOT-Analyse stammen aus dem Englischen:

Strengths (Stärken)
Weaknesses (Schwächen)
Opportunities (Chancen)
Threats (Bedrohungen)

Diese Analyse ist ein Instrument der strategischen Planung. Sie dient der Positionsbestimmung und der Strategieentwicklung von Unternehmen und anderen Organisationen.

Es gibt keine Schwächen in unserem Geschäft, aber definitiv Verbesserungspotenziale.

Chancen sind Möglichkeiten, durch neue und verbesserte Produkte vorhandene und neue Kunden zu gewinnen oder Stammkunden zu festigen und auszubauen. Diese Chancen können durch (attraktive) Angebote von Wettbewerbern gefährdet sein (Risiken). Sobald die Risiken aus Sicht der Verantwortlichen zu groß werden, sind entsprechende Maßnahmen einzuleiten. Die Auswahl der Aktionen richtet sich nach der Einschätzung der eigenen Stärken und Schwächen (im Vergleich zum Wettbewerb).

Stärken – Schwächen – Chancen – Gefahren

Ihre möglichen Stärken:

- flache Hierarchieebenen
- optimale interne Kommunikation
- beste Kenntnis des regionalen Marktes
- persönliche Kundenbeziehungen
- motivierte Mitarbeiter
- niedrige Kosten
- gute Beziehungen zu den Mitarbeitern
- überschaubare Betriebsabläufe
- schnelles Reagieren bzw. Handeln für Kunden
- geringe Mitarbeiterfluktuation
- Flexibilität

Ihre möglichen Schwächen:

- schlechter Standort
- strategisches Marketing-Konzept fehlt
- Kundendatei ist nicht auf dem aktuellen Stand
- technische (Büro-)Ausstattung ist veraltet
- hohe Abhängigkeit von Großkunden
- überalterte Produkte (im Erscheinungsbild)

- Kundenabwanderung
- zu hohe Lagerbestände oder Lagerverweilzeiten
- mangelhafte Motivation der Verkäufer
- wenig oder fehlende Öffentlichkeitsarbeit

Ihre möglichen Chancen:
- Mitbewerber ziehen sich aus dem Markt oder Teilen des Marktes zurück.
- Netzwerkplattformen bieten neue Möglichkeiten zur Kommunikation.
- Kunden interessieren sich für Ihre Produkte u. a. als (Weihnachts-)Geschenke.
- Ein neues Kundensegment entwickelt sich positiv (z. B. Kooperation mit Kaffee, Tee etc.).
- Berichtserstattungen in der Presse über regionale Persönlichkeiten oder Unternehmen etc.
- Neue Produkte am Markt ergänzen das eigene Portfolio (Schokolade, Käse, Fisch etc.).

Ihre möglichen Gefahren:
- Anti-Produkt-Kampagnen erschweren Ihren Absatz.
- Die Mitbewerber kämpfen mit hohen Rabatten und versuchen Kunden abzuwerben.
- Öffentliche Diskussionen oder Medienberichte über Alkohol oder zugelieferte Produkte z. B. mit Pestiziden verschrecken Kunden.
- Die Konkurrenz wirbt gute Mitarbeiter ab.
- Zulieferer verteuern oder stellen Leistungen ein (Glas, Korken, Etikett, Neckhanger).
- Mangelhafte Produkte der Mitbewerber bringen die eigene Branche in Verruf.

Entscheidend für den Erfolg sind immer konkrete und am Ziel ausgerichtete Maßnahmen, die konsequent umgesetzt werden müssen.

Folgende Fehler können häufig in SWOT-Analysen beobachtet werden:

1. Es wird eine SWOT-Analyse durchgeführt, ohne zuvor ein genaues Ziel zu vereinbaren. SWOT-Analysen sollten immer bezogen auf ein Ziel erstellt werden. Werden keine konkreten Ziele vereinbart, so werden die Teilnehmer unterschiedliche Ziele annehmen. Dies führt zu schlechteren Resultaten.
2. Externe Chancen werden mit internen Stärken verwechselt. Sie sollten streng auseinandergehalten werden.
3. SWOT-Analysen werden mit möglichen Strategien verwechselt.
   - SWOT-Analysen beschreiben die aktuelle Situation.
   - Strategien hingegen beschreiben Aktionen.

   Um diesen Fehler zu vermeiden, sollte man möglichst beim Punkt Chancen an „günstige Bedingungen" denken und beim Punkt Risiken an „ungünstige Bedingungen".
4. Bei der SWOT-Analyse wird keine Priorisierung vorgenommen. Es lassen sich keine konkreten Maßnahmen ableiten, Maßnahmen werden also weder beschlossen noch umgesetzt.

MALT SCOTCH WHISKY
BALVENIE
SCOTLAND
PORTWOOD PORT CASKS
AGED 21 YEARS

Emotionssysteme des Menschen

Es ist normal für uns, dass wir uns ein neues Hemd, neue Schuhe, eine Spirituose kaufen oder einen Fernurlaub buchen. Was man dabei meist nicht bemerkt ist, dass viele Dinge unbewusst in unserem Kopf ablaufen, gesteuert durch sogenannte Emotionssysteme.

Emotionen, also Gefühlsregungen, sind innere Prozesse, die uns aktivieren und steuern. Sie zeigen uns, was uns gefällt und was uns wichtig bzw. unwichtig ist. Die Emotion, das gefühlsmäßige Handeln, kommt aus der Evolution der Urzeit. In unseren Emotionssystemen sind Erfahrungen über Millionen von Jahren enthalten, die das Überleben sicherten und bis heute noch sichern. Bestimmte Emotionssysteme haben sich so im Laufe der Zeit gebildet. Natürlich finden wir hier auch die sogenannten Vitalbedürfnisse, wie Hunger, Durst, Schlaf, Atmung und Fortpflanzung. Diese bleiben nachfolgend unbeachtet. Daneben gibt es folgende interessante Emotionssysteme, die für den Brenner durchaus wichtig und interessant sind:

Das **Balance**-System mit dem Ziel der Sicherheit, Stabilität, Risikovermeidung und Aufbau von Gewohnheiten.

Das **Dominanz**-System mit dem Ziel der Selbstdurchsetzung und Konkurrenzverdrängung.

Das **Stimulanz**-System mit dem Ziel des Entdeckens von Neuem und Erlernen von neuen Fähigkeiten.

Das **Bindungs- und Fürsorge**-System mit dem Ziel der sozialen Sicherheit.

Es ist wahr, dass wir nicht schätzen, was wir haben, bis wir es verlieren. Aber es ist auch wahr, dass wir nicht wissen, was wir vermissen, bis es uns begegnet.

Wie „verpackt" man Produkte entsprechend dem Menschentyp?

Übertragen auf den Brenner mit dem Ziel, alkoholische Produkte zu verkaufen, ergeben sich überlegenswerte Ansatzpunkte, um ein Produkt richtig anzubieten. Wobei „verpacken" nicht nur die Verpackung in physischer Form betrifft, sondern auch das Drumherum eine beeinflussende Rolle für den potenziellen Kunden spielt, wie im Kapitel Customer Experience Management (Seite 59) erklärt wird.

Finden Sie in den kommenden Wochen selbst heraus, wie sich die Leute kleiden, welches Auto sie fahren und wie sie sich verhalten. Sie werden feststellen, dass es meist leicht ist, bereits am Aussehen und Verhalten von Personen, diese einem bestimmten Emotionssystem zuordnen zu können.

Hinter jeder Werbung steht vielfach die Überlegung, dass jeder Mensch eigentlich aus zwei Persönlichkeiten besteht: eine, die er ist, und eine, die er sein will.

Das Balance-System strebt nach Sicherheit und ist das stärkste Emotionssystem in unserem Gehirn: Wie verkaufen Sie als Brenner Sicherheit? Für den Balance-orientierten Kunden heißt das, er legt großen Wert auf ein qualitativ hochwertiges Produkt, welches sich unter anderem in einer sicheren Verpackung befindet. Informationen von Prämierungen und Auszeichnungen etc. auf dem Etikett sowie zum Beispiel Herkunfts- und Erzeugerhinweise sind ihm wichtig. Die Verpackung und Hintergrundinformationen haben für das Balance-System einen großen Wert und werden helfen, das Produkt positiv anzubieten und zu verkaufen. Der Balance-Kunde informiert sich gerne über die sicherheitsrelevanten Dinge eines Produktes.

Das Dominanz-System lehrt uns, dass Ressourcen begrenzt sind und der Wettbewerb groß ist. Dieses System ist zuständig für den Wunsch nach Status und Macht. Unter anderem ist es verantwortlich dafür, dass es durchaus interessant sein kann, sich für knappe Waren zu interessieren. Warum gibt es wohl so viele Sammler von limitierten Abfüllungen? Das Dominanz-System fühlt sich hier besonders gereizt und der sogenannte „Sammeltrieb“ bricht verstärkt aus, wenn ein Produkt in limitierter Auflage auf den Markt kommt – vor allem in einer ansprechenden Verpackung angeboten und einhergehend mit der bald zu erwartenden Wertsteigerung.

Das Stimulanz-System ist der Treiber für Abwechslung in unserem Leben, es ist mal mehr und mal weniger ausgeprägt. Das Stimulanz-System ist zuständig für Individualität, Anderssein und unsere Neugierde: Neues entdecken und Neues erfahren. Als gute Beispiele dienen hier die vielfältigen und vor allem neuen Varianten von Destillaten. Als sehr exotische Varianten sind hier vielleicht Steinpilz- oder Spargelschnaps zu nennen. Ebenfalls zu beobachten sind aktuell die deutschen Gin- und Whiskysorten auf dem Markt. Ein deutliches Zeichen dafür, dass Menschen auch mit neuen Sorten stimuliert werden können. Die extravagante Flaschenform und Verpackung als Individualmerkmal bringen auch hier das Emotionssystem in Erregung.

Das Bindungs- und Fürsorge-System zeigt uns, dass der Mensch nicht ohne sozialen Anschluss leben kann. Die erste Form der Bindung und Fürsorge erfährt ein Mensch natürlich durch seine Mutter. Erheblich später, im Erwachsenenalter kann sich der Brenner ebenfalls das Bindungssystem zunutze machen: Ein Kunde kauft zum Beispiel einen Edelobstbrand in der Holzkiste für seinen Schwiegervater, um ihm seine tiefe Wertschätzung auszudrücken. Die Stärkung der sozialen Bindung wird durch exklusive Präsente verstärkt herbeigeführt.

Newsletter, persönliche Anschreiben zum Geburtstag, die Gründung eines Genießer-Clubs, der Kontakt in sozialen Netzwerken etc. sind in diesem Emotionssystem zuhause. Wenn ein Genießer-Club entstehen und dieser über die Gemeindegrenzen hinaus Bekanntheit erreichen soll, sind ebenfalls Überlegungen auf emotionaler Ebene von Nöten. Die Mitglieder, welche ja schon fast als „Botschafter" gelten, sollen mindestens einmal jährlich eine Sonderabfüllung angeboten bekommen mit entsprechender und wertschätzender Produktverpackung.

Dem Menschen fällt mehr auf, was ihm fehlt, als das, was er besitzt.

Versuchen Sie mit Ihrem Unternehmen, Ihren Produkten oder Ihren geplanten Neu-Einführungen genau die Emotionssysteme zu treffen, die auf Ihre Zielgruppe passend sind und Ihre Kunden auf emotionaler Basis berühren. Sie werden interessante Feststellungen in Ihrer Absatzstatistik machen!

Mit Kenntnis der Emotionssysteme zu mehr Geschäft.

Customer Experience Management

Der Kunde soll etwas erleben, er soll einen positiven Eindruck Ihrer Brennerei mitnehmen und am besten ausschließlich Ihre Produkte im Kopf haben, diese konsumieren und natürlich immer wieder kaufen. So will es das Customer Experience Management, das Erlebnismanagement für Kunden.

Denken wir an Hollywood, zum Beispiel die Universal Studios in der Nähe von Los Angeles im Westen der USA. Dort können sich Filmemacher und Visionäre so richtig austoben. Kreativität hat keine Grenzen. Man hat einen Gedanken und setzt diesen dann als Film um. „Jurassic Park" war zum Beispiel einer der Kassenschlager und Erster in der damals neuen Kategorie der Dino-Filme.

Nicht wer das meiste zeigt, verkauft am besten, sondern wer das Beste zeigt.

Betrachten Sie die guten Spielfilme aus konstruktiv-kritischer Perspektive: Wie werden Handlungen in einem Film perfekt emotional umgesetzt? Lassen Sie sich von ein paar Beispielen begeistern: „Ghost – Nachricht von Sam", „Stadt der Engel" oder „Pretty Woman". Die Kunst der Filmproduktion liegt darin, Emotionen zu transportieren. Emotionen, die uns herzlich lachen lassen oder uns Tränen in die Augen treiben. Spannungsgeladene Szenen im Film, die uns mit angehaltenem Atem und großen Augen erwartungsvoll zum Höhepunkt einer Szene führen. Die Filmindustrie spielt gekonnt mit unseren Emotionen und Gefühlen. Sie lässt uns vollkommen erschrecken, herzlich lachen und herzzerreißend weinen. Warum? Weil wir Menschen zu einem Großteil unseres Handelns emotionsgebunden agieren und reagieren.

Checkliste – mit den Augen Ihrer Kunden

Zufriedene Kunden sind die beste Quelle für neue Kunden.

Machen Sie einen Spaziergang durch Ihr Unternehmen. Wir beginnen wenige Meter vor Ihrer Brennerei. Versuchen Sie mit den Augen eines Kunden zu sehen.

- Wie werden potenzielle Kunden auf Ihr Geschäft aufmerksam? Was sehen die Kunden zuerst, wenn sie auf das Ladenlokal, den Hofladen oder Ihren Betrieb zugehen oder zufahren?
- Sind saubere Parkplätze in der Nähe vorhanden und die Zufahrten ausgeschildert?
- Sind die angebotenen Waren staubfrei und ordentlich präsentiert? Sind die Regale im einwandfreien Zustand, die Preisschilder an jedem Produkt lesbar, gerade und sauber?
- Ist die Dekoration auf dem aktuellen Stand der Ware und der Jahreszeit?
- Sind immer ausreichend Verpackungsmaterial, Tüten, Produktfolder etc. verfügbar?
- Überzeugen und begeistern die angebotenen Produkte bzw. weiterführenden Leistungen, wie z. B. Führungen, Besichtigungen, Schulungen, Verkostungen etc.?
- Besteht für andere Artikel (On-Pack, Add-On, Geschenk-Verpackungen) lohnender Bedarf? Wie äußern sich Kunden zu den Verpackungen?
- Sind potenzielle Kunden von Ihrem Angebot positiv oder negativ überrascht? Kommen neue Kunden wieder?

Stellen Sie sich vor, eine Gruppe von Leuten kommt zu Ihnen, die gerade in einem Erlebnispark war. Wie können Sie mit diesen Eindrücken mithalten? Was ist das Besondere an Ihrem Betrieb, sodass genau diese Gruppe von Leuten auch in Ihrer Brennerei „wow“ sagen?

Die Emotion hat Gründe, die die Vernunft nicht kennt

Mit der Erkenntnis, dass Emotionen einen großen Teil im Leben ausmachen, schlagen wir nun den Bogen zu Ihrer Brennerei und zu Ihrem Hofladen, also zu den Stätten, die der Öffentlichkeit und Ihren Kunden zugänglich sind.

Findet man bei Ihnen den emotionsgeladenen „Wow"-Effekt, nicht nur in Form von schön dekorierten Einfahrten, Parkplätzen, Schaufenstern, Ladenflächen und Probier-Räumlichkeiten, sondern auch in der Leidenschaft und Freundlichkeit des Personals und im Spüren des Willkommen-Seins, wenn man als Kunde zu Ihnen kommt?

Der Mensch ist nicht logisch, er ist psychologisch.

Unsere Zeit ist einerseits geprägt von Multimedia, andererseits aber auch von Erlebnissucht. Fragen Sie sich: Warum strömen Hunderttausende von Besuchern in die Freizeitparks? Was passiert dort und wie können Sie auf Ihrer persönlichen Basis „mithalten"?

Um die Erlebnissucht der Menschen zu befriedigen, werden in Zukunft noch erhebliche Maßnahmen stattfinden, um Kunden an ein Unternehmen bzw. an bestimmte Marken oder Produkte zu binden. Das sogenannte „Customer Experience Management" – das Kundenerlebnis-Management beschäftigt sich intensiv mit diesem Thema. Der Kunde soll etwas Positives erleben, er soll emotional berührt werden, das Erlebte nicht mehr vergessen und den präsentierten Produkten möglichst lange treu bleiben.

Das Customer Experience Management bezeichnet die Schaffung positiver Kundenerlebnisse zum Aufbau einer emotionalen Bindung zwischen Kunde und Produkt.

Erlebnisse sind magische Momente.

Das vorrangige Ziel des Customer Experience Management ist, aus zufriedenen Kunden loyale Kunden und aus loyalen Kunden begeisterte Botschafter einer

Magische Momente: Verkostung unter freiem Himmel.

Marke oder eines Produktes zu machen. Damit setzt das Customer Experience Management nicht nur auf direkte Auswirkungen, wie etwa Kaufbereitschaft, Umsatz oder die Nutzungsintensität, sondern ganz gezielt auch auf indirekte und langfristige Effekte, wie die daraus folgende Mundpropaganda. Bei dieser Art der Werbung spielen drei Aspekte eine große Rolle:

- der Ort,
- das Ereignis,
- das Produkt.

Diese Punkte bilden die Grundlage, die den schlussendlichen Erfolg unaufhaltsam folgen lässt. Machen Sie Ihr Unternehmen zum Erlebnis. Kreieren Sie Ihren eigenen „Wow-Effekt".

Betrachten Sie Ihren Betrieb anhand der in den nächsten Kapiteln folgenden Fragen aus der Sicht des Kunden.

Der Ort – Ihre Brennerei

Gut ist nicht gut genug, wenn Besseres erwartet wurde.

- Ist Ihre Brennerei leicht zu finden, ist der Anfahrtsweg gut ausgeschildert?
- Ist Ihr Brennereigelände ansprechend?
- Wie werden angemeldete und unangemeldete Gäste empfangen und begrüßt?
- Bieten Sie eine Brennereiführung an? Wenn ja, was sind die Highlights, was zeichnet Ihren Betrieb und Sie als Inhaber besonders aus?
- Wenn Sie Verkostungen anbieten: Werden die Gäste mitgerissen von Ihrer Begeisterung, während Sie vortragen und probieren lassen?
- Zeigen Sie Filme oder Dia-Shows während der Wartezeit, bis eine Führung beginnt?
- Haben Sie einen speziellen Verkostungsraum, stimmt die Dekoration, die Beleuchtung, das Befüllen und Servieren der Verkostungsgläser?
- Ist Ihr Hofladen so eingerichtet, dass sich die Kunden wohlfühlen, aber auch zurechtfinden?
- Haben Sie sich mit der Aufgabenstellung des Impuls- bzw. Spontankaufs befasst? Wird der Kunde auf unbewusste Bedürfnisse, wie Geburtstage, Jubiläen, Weihnachten etc. aufmerksam gemacht?
- Kommt man als Kunde gerne zu Ihrer Brennerei?
- Stellen Sie sich vor, Sie erwarten eine Gruppe von Besuchern zur Brennereibesichtigung. Während der Führung stellt sich heraus, dass diese Gruppe bereits mehrere Brennereien besichtigt hat. Können Sie mit den Standards und Highlights der Mitbewerber mithalten oder diese vielleicht sogar überbieten?

Das Ereignis – Ihre Brennerei erleben

- Was erlebt der Kunde, der zu Ihnen kommt?
- Soll er nur eine Flasche Edelobstbrand aus dem Regal nehmen, das Geld auf den Ladentisch legen und wieder verschwinden?
- Was geben Sie dem Kunden an Emotion mit?
- Was lassen Sie den Kunden bei Ihnen erleben?
- Welche Ereignisse transportieren Sie, damit sich ein Besucher in Ihren Betrieb verliebt und jeden folgenden Tag vielen Leuten von diesem Erlebnis erzählt?
- Können Besucher vielleicht selbst aktiv werden, beispielsweise versuchen, verschiedene Destillate voneinander zu unterscheiden, die Alkoholgrädigkeit messen, unterschiedliche Dichteverhältnisse feststellen, Dauben zu einem Fass zusammenbauen?

Ich habe niemals an Erfolg geglaubt. Ich habe dafür gearbeitet.

Hier entstehen Eindrücke und Fotos, die über die sozialen Medien in alle Welt verteilt werden. Vielleicht arbeiten Sie künftig mit Erinnerungsfotos auf Papier – diese bleiben lange an Pinnwänden der Kunden haften und erinnern an das unvergessliche Erlebnis bei Ihnen. Gruppenbilder vor dem Brennapparat, eine Urkunde nach der Verkostung persönlich vom Brennmeister unterschrieben und überreicht und viele weitere Ihrer Ideen können helfen, den Besuch in Ihrer Brennerei zu einem Erlebnis werden zu lassen. Seien Sie kreativ, versuchen Sie eine Vision zu entwickeln gleich der, wie ein Regisseur in Hollywood sie hat. Das Ereignis, also das emotionsgebundene Erleben wird Kunden zu Freunden und Fans machen.

Der Wettbewerb der Emotionen ist weit wichtiger als der Wettbewerb der Preise.

Das Produkt und Ihre Arbeit

Edelobstbrände gibt es in sehr vielen Variationen, in vielen Alkoholstärken, in verschiedenen Flaschenformen

Erinnerungsfoto aus der Brennerei.

Produkte sind austauschbar. Der tiefere Wert eines Produktes liegt in seiner Geschichte und seinem emotionalen Erleben.

und mit den unterschiedlichsten Etiketten und Namen. Dennoch, Produkte sind austauschbar, kein Mensch ist dazu verpflichtet, immer und immer wieder das gleiche Produkt zu kaufen und zu konsumieren. Außer jemand möchte freiwillig bei einem Produkt bleiben, weil er innerlich davon überzeugt ist. Wir leben in einer Zeit, in der das Angebot die Nachfrage erheblich übersteigt. Gerade deshalb besinnt man sich auf spezielle Erlebnisse, die das Parkett bilden, worauf die Produkte stehen können. Je stärker also der Besucher Ihrer Brennerei emotional berührt wird, desto höher ist seine Aufnahmebereitschaft und desto höher natürlich auch die Bereitschaft, Ihre Produkte zu kaufen. Je mehr Sie die positiven Erlebnisse und Erinnerungen Ihrer Besucher oder Teilnehmer an Verkostungen mit der Philosophie Ihres Unternehmens verknüpfen, desto geringer ist die Gefahr, dass sich ein Kunde wieder von Ihnen trennt.

Aus vielen Ideen zu schöpfen, ist besser, als sich nur mit einer Variante beschäftigen zu müssen. Um Kunden immer wieder überraschen und begeistern zu können, brauchen Sie einen ständigen Nachschub an guten, interessanten und unverbrauchten Ideen.

Von der Idee zur Realisierung

Wer für ein Kundenerlebnis-Management auf die systematische Suche nach Ideen und Innovationen geht, kann dies mit den folgenden Schritten leicht organisieren.

Ziele sind die beste Garantie für Erfolg.

Ist-Analyse

Beleuchten Sie die zu optimierende Situation Ihres Betriebes aus verschiedenen Perspektiven, vor allem aus der Sicht des Kunden. Beobachten Sie das Kundenverhalten, führen Sie Gespräche zu Optimierungen mit Ihren Mitarbeitern. Auch Branchenfremde können sinnvolle Beiträge liefern.

Zieldefinition

Wo wollen Sie hin, was soll am Ende der Ideengestaltung erreicht sein? Dies muss deutlich erarbeitet werden, damit die Ideengenerierung eine Richtung bekommt. Gehen Sie dabei von kundenrelevanten Merkmalen aus. Was können Sie für Ihre Kunden emotionsgebundener, besser und interessanter machen? Formulieren Sie all das schriftlich.

Nicht aus Büchern, sondern durch lebendigen Ideentausch, durch heitere Geselligkeit müsst ihr lernen.

Zusammenstellung eines Kreativteams

Hierzu brauchen Sie nicht zwingend eine teure Agentur. Insbesondere Ihre Mitarbeiter, die von der späteren Umsetzung der ausgearbeiteten Gedanken und Visionen be-

Ideenfindung.

troffen sind, können als wertvolle Ideengeber herangezogen werden. Damit minimieren Sie von vorne herein aufkommende Widerstände. Sorgen Sie für Visionäre, Querdenker, Macher, Kundenbotschafter und Bedenkenträger im Team ebenso, wie für Experten und Laien. Mischen Sie Alt und Jung, Männer und Frauen. In einem vorhergehenden Absatz wurde bereits die Effektivität des Qualitätszirkels beschrieben.

Ideengenerierung

- Begeben Sie sich zur Ideenfindung an einen störungsfreien, inspirierenden Ort. Erfolgreiche Unternehmen beziehen z. B. Quartier in einem Hotel, einer Gaststätte mit besonders ruhiger Lage oder Ähnlichem, einfach weg vom Tagesgeschäft.
- Nehmen Sie sich einen oder eineinhalb Tage Zeit, um losgelöst auf Ideen-Brainstorming zu gehen.

- Bereiten Sie sich als Moderator entsprechend vor, damit Sie mit passenden Kreativitätstechniken ein Höchstmaß an Effektivität erreichen.
- Sorgen Sie bereits am Anfang für gute Laune, um den Ideen der Teilnehmer freien Lauf zu lassen. Zeiteinheiten von 30 bis 60 Minuten sind hierfür optimal.
- Notieren und speichern Sie alle Ideen.

Beachten Sie dazu die Regeln einer Kreativsitzung:
- Quantität vor Qualität. Gegenseitige Inspiration ist wichtig und erwünscht.
- Alle Teilnehmer sind gleichberechtigt, es gibt keine Hierarchie.
- Es gibt keinerlei Kritik, weder positiver noch negativer Art.

Ideenbewertung und -selektion

- Benutzen Sie passende Bewertungs- und Selektionstechniken, um die gefundenen Ideen zu verdichten, zu kombinieren und Wichtiges und Interessantes vom Unwichtigen zu trennen. Dies kann ein separates Bewertungsteam tun, dem auch Kunden angehören können.
- Erstellen Sie eine Prioritätenliste, sortieren Sie nach Marktfähigkeit, Machbarkeit, Zeithorizont, Wirtschaftlichkeit und Nichtkopierbarkeit. Dabei kommt es erfahrungsgemäß zu weiteren Ideen. Am Ende dieses (ersten) Prozesses verbleiben einige wenige, aber sehr aussichtsreiche Favoriten. Geben Sie diesen Ideen Namen oder Arbeitstitel und definieren Sie das weitere Vorgehen, beispielsweise in Form eines Projekts.
- Zunächst nicht umsetzbare Vorschläge kommen in eine Ideenbank für den eventuell späteren Gebrauch.

Eine gute Idee erkennen Sie daran, dass sie bald geklaut bzw. nachgeahmt wird.

Ausführung

- Sorgen Sie zunächst für interne Akzeptanz, vor allem bei den betroffenen Mitarbeitern, die später mit der Umsetzung beauftragt sein werden. Dies erfolgt am besten durch Involvieren und frühzeitige, regelmäßige, offene Kommunikation.
- Stellen Sie die notwendigen Ressourcen und Ihre persönliche Hilfe bereit.
- Bringen Sie Ihre Idee bzw. Innovation zügig in den Markt.
- Experimentieren Sie und testen Sie Varianten, z. B. mit Ihren treuen Kunden bzw. Wiederverkäufern.

Kontrolle und Optimierung

Vergleichen Sie die Ergebnisse mit Ihrer Zieldefinition. Holen Sie sich Feedback von Kunden, hören Sie dabei auch auf die leisen Töne und die kritischen Hinweise und optimieren Sie kontinuierlich.

Ideen über Ideen – ein Gedankenanstoß

Nur auf das Ziel zu sehen verdirbt die Lust am Reisen.

Hier möchte ich ein paar Fragmente aus kreativen Meetings einfließen lassen. Nachfolgend finden Sie Gedanken, die im Ansatz niedergeschrieben wurden. Lassen Sie Ihrer Fantasie freien Lauf, denken Sie weiter, entwickeln Sie neue Ideen, lassen Sie sich inspirieren, verbessern Sie und formulieren Sie diese Gedanken weiter aus. Sie werden sehen, es entstehen sogar neue Ideen und Visionen, weitere noch unbekannte Zielgruppen zu entdecken mit einem von Ihnen erdachten Konzept, welches Ihre Produkte mehr und mehr bekannt macht und Ihren Absatz steigert.

„Der Genuss-Kurier“

In einem DIN-A 4-Doppelformat soll ein Medium entstehen, welches die Haushalte in der Region über aktuelle

B

Ausgabe
Januar 201x

Genuss-Kurier

Hofbrennerei B… - Landeplatz für Genießer

Termine und Aktuelles aus der Region im Zeitraum Jan/Feb

1-1

1-2

Bild

Text zum Titelbild 1-3

1-4

1-5

Fußzeile mit allen Informationen zum Restaurant, Adresse, Telefon, Internet, Kapazitäten, etc. 1-6

B

Ausgabe
Dezember 2012

Genuss-Kurier

Brennerei B.. - Landeplatz für Genießer

Termine und Aktuelles aus unserer Region

Dezember 201x

Sonntag, 02.12.201x
1. Advent

Donnerstag, 06.12.201x
Nikolaus

Sonntag 09.12.201x
Nikolaimarkt

13.12.-23.12.201x
Christkindlmarkt, Rathausplatz

Montag, 24.12.201x
Heilig Abend, der Hofladen der Brennerei ist heute bis 14.00h geöffnet

Dienstag, 25.12.201x
1. Weihnachtsfeiertag, das Restaurant der Brennerei hat für Sie geöffnet

Mittwoch, 26.12.201x
2. Weihnachtsfeiertag, das Restaurant der Brennerei ist für Sie geöffnet

Montag, 31.12.2012
Silvester

Dienstag, 01.01.2013
Neujahr, Brennerei B. hat Ruhetag

…
…
…

Weihnachten im Restaurant der Brennerei

Neu für Sie im Jahr 201x:
der „Genuss-Kurier"

Gestatten, das ist der Genuss-Kurier. Sie halten die erste Ausgabe des neuen Informationsblattes für Genießer in Händen.

Ab 2013 wird der Genuss-Kurier jeden Monat erscheinen und über Neues und Interessantes und vor allem Spannendes aus der Welt rund um den Genuss berichten.

Keine Angst, hier geht es nicht um exotische Brenn-Künste aus Fernost oder gar der Karibik. Freuen Sie sich vielmehr auf Rezepte, Geschichten und Geschichte aus unserer Region.

Der Genuss-Kurier berichtet über viele verschiedene Ereignisse aus unserer Region. Zum einen werden wir von Brennern erfahren, die ihre Familie mit …

Die Verfasser sind noch jung an Jahren und freuen sich schon riesig auf die Arbeit, nämlich mit Stift und Block Neues für Sie aus der Feinschmecker-Welt unserer Region zu entdecken.

Das Team vom Genuss-Kurier wünscht Ihnen einen gesunden und fröhlichen Start in das Neue Jahr und viel Spaß beim Lesen.

Man muss dem Leib was Gutes tun,
damit die Seele Lust hat, darin zu wohnen
Winston Churchill

Der Genuss-Kurier
Ein Informationsblatt für gutes Essen und Trinken in monatlicher Erscheinungsweise

Brennerei & Restaurant B, Landeplatz für Genießer
Xy Straße 2, PLZ Ort
Tel. 09876-12345 - Email: info@adresse.de
Internet: www.adresse.de
Facebook: Brennerei…

Master der Titelseite und Seite 1 des „Genuss-Kuriers".

Aktivitäten der Brennerei benachrichtigt. In monatlicher oder zweimonatlicher Erscheinungsweise werden Produkte vorgestellt, Termine der Verkostungen bekannt gegeben, Aktionen im Hofladen benannt, aber auch Rezepte aus Großmutters Koch- und Backbuch vorgestellt, aus dem Hundertjährigen Kalender zitiert und das Ganze mit Sprüchen ausgeschmückt. Das Layout ist für alle Folgen gleich dem einer Zeitung, bestimmte Themen finden sich immer an gleicher Stelle. Ein Media-Plan, welcher wichtige und wiederkehrende Themen abdeckt in Abhängigkeit von Jahreszeiten und Feiertagen und sonstigen festen Aktivitäten etc., muss vorher erstellt werden. Dieser beinhaltet über den Zeitraum von einem Jahr bereits zu Beginn der ersten Veröffentlichung alle Informationen und Nachrichten, die veröffentlich werden sollen. Die Verteilung kann stattfinden in der letzten Samstagsausgabe des Vormonats über die lokale Tagespresse oder persönlich verteilt durch Mitarbeiter und Helfer. Wenn eine persönliche Verteilung infrage kommt, kann allerdings nicht großflächig verteilt werden. Man beschränkt sich auf bestimmte Stadtteile oder Bezirke. Ein Hinweis, den Genuss-Kurier auch in digitaler Form zu erhalten, ist auf Seite 4 eingebracht und soll innerhalb von einem Jahr einen großen Adress-Pool generieren.

„Bartender's Spirit"

Wenn der Fokus auf den Trinkanlass in der Gastronomie gesetzt wird, wäre eine Möglichkeit, einen Newsletter ausschließlich für die Gastronomie zu entwickeln. Dieser wird allerdings nur in digitaler Form zur Verfügung stehen und maximal drei Seiten haben. Ein Titelblatt, eine Infoseite und die Seite 3, ein Mood-Bild zum Ausdrucken und Aufhängen mit einem schlauen Spruch, welcher den Barkeeper und die Mitarbeiter der Gastronomie motivieren soll. Die Seite 1 ist mit einem Aufmacherthema versehen, Seite 2 ist eine Informationsseite in drei Spalten.

Hier wird in gleicher Weise wie beim „Genuss-Kurier" gearbeitet: Ein Mediaplan mit Themen über das Jahr hinweg wird vorbereitet, sodass das „Futter" unterwegs nicht ausgeht. Jede vierte Ausgabe enthält ein „Entdeckerpaket", fünf unterschiedliche Destillate zum vergünstigten Entdeckerpreis. Der Barkeeper soll so animiert werden, Produkte auszuprobieren.

„Das Bar-Staff-Training"

Um erklärungsbedürftige und hochpreisige Produkte richtig anbieten und verkaufen zu können, bedarf es einer gründlichen Schulung. Diese Schulung soll in verschiedene Schritte aufgeteilt sein. Produktwissen, Beraten und Verkaufen, perfekt Servieren, Gläserkunde. Die

Punkte werden in mehreren Aufbauterminen (stundenweise oder halbtags) von einem Mitarbeiter der Brennerei entweder im Lokal oder in der Brennerei angeboten. Dies kann auch für mehrere Lokale zusammengefasst stattfinden. Das Bar-Staff-Training (engl. *staff* = Mitarbeiter) ist Teil einer Kooperation über eine bestimmte Listungs- oder Absatzmenge.

Die Titel-Seite des „Bartender's Spirit".

Bartenders Spirit

www.alles-klar-an-der-bar.de

Die PENTHOUSE Whisky-Tasting Tour

Im Mittelpunkt der Penthouse Whisky Tasting Tour stehen die Islay Single Malt Whiskys von Bowmore, der ältesten Distillery der Insel Islay.

Was will man(n) mehr?
Whisky Tasting mit BOWMORE und PENTHOUSE in noblem Ambiente in sechs deutschen Metropolen. Das Whisky-Tasting beginnt jeweils um 19 Uhr. Für einen Obolus von 69,- Euro werden unter Anleitung eines Whisky-Profis von Morrison Bowmore Distillers diverse Whiskys verkostet und dazu raffiniertes Fingerfood und Edelschokolade gereicht.

Die Tastings sind limitiert auf max. 50 Personen. Bitte unter whisky@penthouse.de und dem Betreff »Whisky« anmelden, oder Postkarte an PENTHOUSE, Nymphenburger Straße 70, 80335 München. Zahlungshinweis und Bestätigung folgen nach schriftlicher Anmeldung.

TERMINE

Januar 2008

16.01.08 Penthouse Whisky Tasting, EAST, Hamburg

17.01.08 Penthouse Whisky Tasting, Green Door, Berlin

22.01.08 Penthouse Whisky Tasting, O.T. Bar, Stuttgart

23.01.08 Penthouse Whisky Tasting, La Maison, München

24.01.08 Xing-Whisky Dinner-Tasting, Königsquelle, München

Weitere Infos erfragen Sie bitte unter:
spirit@schlumberger.de

№. 2/2008

Ist diese Mail ist an Sie weitergeleitet worden und Sie wollen in den Verteiler aufgenommen werden oder Sie wollen gelöscht werden: kurze Nachricht genügt
spirit@schlumberger.de

„Jeans & Gin"
In stylischen Mode-Outlets mit vielleicht überwiegendem Jeans-Angebot und einem Preissegment, welches hauptsächlich volljährige Personen anspricht, wird eine Kooperation vereinbart. Mixibility, Verkosten oder sonstige Aktivitäten des hauseigenen Gins mit Jeans in abendlichen Veranstaltungen im Jeans-Shop kommen hier zum Tragen. Musik, Beleuchtung, Modenschau, Cocktails, Mix-Rezepte werden miteinander verbunden.

„Country-, Angel- und Jagd-Ausrüster"
Nach Jagden, Wettbewerben im Schützenverein, Aufgaben in der Wildpflege oder sonstigen Natur- und Outdoor-Aktivitäten darf ein Edelbrand nicht fehlen. Die Platzierung von Obstbränden in Jagdgeschäften, der Hinweis zu Verkostungen und das Begleiten bei abendlichen Veranstaltungen in dieser Szene erscheinen als durchaus interessant. Über Büchsenmacher oder national organisierte Läden soll ein erster Kontakt stattfinden und mögliche Kooperationsmöglichkeiten eruiert werden.

„Zusammenarbeit mit Künstlern aus der Region"
Die Aufgabe ist, herauszufinden, welche künstlerischen Maler sich mit unserem Segment der Natur beschäftigen: Obst, Bäume, Blätter, Natur. Werden Vernissagen angeboten? Kann man sich in einer Kooperation beteiligen? Gibt es einen gemeinsamen Weg, wie die Frucht den Weg in die Flasche und gleichzeitig auf die Leinwand findet? Kann eine meist abendliche Bilderausstellung in Hotels oder sonstigen öffentlichen Einrichtungen stattfinden, an der geladene Gäste und Lieferanten teilnehmen können? Kann daraus eine Wanderausstellung entstehen, die sich über die Landkreise hinaus bewegt?

„Blaue Stunde"

Gemeint ist nicht der übermäßige Genuss von Alkohol, sondern der Übergang vom Tag in die blaue bzw. dunkelgraue Nacht. Die Zeit, in der der Abend in beruhigender blauer Farbe schimmert. Es wäre ein Konzept zu entwickeln, um nicht nur Hobbyfotografen zu aktivieren, sondern vielmehr auch Smartphone-Besitzer, welche diesen Moment als Bild festhalten. Die Bilder sollen an eine bestimmte Adresse per WhatsApp oder Email geschickt werden und die zehn besten Aufnahmen werden prämiert. Alle Einsender werden zu einem Blaue-Stunde-Event in die Brennerei eingeladen. Alles ist blau beleuchtet, nur die Brennkessel scheinen wie die leuchtende Sonne im Zentrum des Abends. Zu diesem Termin sind die besten Bilder bereits auf Leinwand aufgezogen und bereit, eine Road-Show anzutreten. In Hotels, Restaurants oder in mehreren Schaufenstern zeitgleich im Innenstadtbereich oder sonstigen Stätten werden die Bilder unter dem Motto „Blaue Stunde" ausgestellt. Immer mit dem Hinweis, des Initiators, der Brennerei xy. Die Bilder sollen darüber hinaus versehen sein mit einem Spruch oder einer Redewendung großer Denker und Künstler. Eine Auftaktveranstaltung und ein Schluss-Event soll in der Brennerei unter Beteiligung der Fotografen, deren Freunde und der Presse stattfinden.

„Schaufenster-Wettbewerb"

Die bestehenden Fachhandelskunden der Brennerei sollen mit dieser Aktion aktiver gefördert werden. In der Vorweihnachtszeit stellt die Brennerei bestimmte, teils konfektionierte Materialien zur Verfügung und gibt diese an den interessierten Händler weiter. Ziel ist es, einen möglichst schönen Blickfang im Schaufenster zu gestalten, um die Produkte der Brennerei perfekt in Szene zu setzen. Das Schaufenster soll auch unter Zuhilfenahme von eigenen Materialien und Leistungen dekoriert werden. Anschließend wird fotografiert und per Email an die Brennerei geschickt. Unter allen Einsendungen wählt eine unabhängige Jury, zum Beispiel auch der Bürgermeister oder Stadträte, das am schönsten dekorierte Schaufenster. Der Gewinner erhält einen sehr attraktiven Preis, welcher noch zu bestimmen ist.

„Hotelberufsschulen"
Hier soll eine Schulung erstellt werden, welche mindestens einen halben Tag füllt und bei volljährigen Schülern von Hotel- oder Gastronomieschulen zum Einsatz kommt. Der Schüler lernt die Obstsorten genau kennen. Er erfährt, wie die Verarbeitung vonstatten geht und lernt die verschiedenen Obstbrände etc. voneinander zu unterscheiden, kann diese zielführend und kaufmotivierend erklären.

Mit einer guten Verpackung wickelt man nicht nur die Ware ein, sondern auch den Kunden.

„Kooperation mit Tabakwaren"
Tabakhersteller oder stationäre Tabakläden sind als Kooperationspartner gewünscht. Gibt es Möglichkeiten, um gemeinsame Wege hinsichtlich Tabak, sprich Zigarre oder Zigarillo, und Obstbrand, vielleicht auch gelagerte Spirituose, miteinander zu verbinden? Können für bestimmte Feierlichkeiten im Jahreslauf passende Bundles (Destillat & Zigarre plus x) gepackt werden? Sind Kunden des Tabakladens gewillt, die Brennerei zu besichtigen, um Gemeinsamkeiten des Genießens zu erfahren?

„Obst extrem"
Haben wir spezielle Obstsorten oder Früchte, die in eher geringer Menge verfügbar sind und aus denen wir etwas ganz Besonderes, etwas Extremes, machen können? Können diese Destillate an extremen Plätzen mit Vertretern der Presse, Connaisseuren etc. verkostet werden? Als extreme Plätze wären zu nennen: der Gipfel der Zugspitze, vielleicht auch an einem bestimmten Datum, im

Tiefkühlhaus bei mindestens 25 Grad minus, am Hochofen einer Glasbläserei, im Bergwerk unter Tage etc.

„Alternative Fachmagazine"
Gibt es Fachmagazine anderer Branchen, die sich eignen würden, um eine Kooperation mit unseren Destillaten einzugehen? Können Parallelen gefunden oder erarbeitet werden, die eine andere Zielgruppe aufschließen? Oder gibt es Branchen, die so unpassend sind, dass es eigentlich schon wieder sexy ist, etwas zusammen auf die Beine zu stellen?

„Hotel-Lobby"
Sind die Bilder aus der Aktion „Blaue Stunde" für eine zeitlich begrenzte Ausstellung in Hotel-Lobbys geeignet? Die Bilder könnten mit Art-Programmen wie Prisma stylisch verändert werden und würden neue Akzente im Hotelbreich setzen. Flankierend werden Tastings und spezielle Abfüllungen an der Hotelbar aus der Brennerei angeboten. Wie wäre die Möglichkeit, mit großen Bildern auch von Früchten und Destillaten den Weg in die Hotel-Lobby zu schaffen und den Gast zu animieren, Edelobstbrände an der Rezeption zu kaufen?

„Road-Show"
Was muss meine Brennerei machen, um in einer sogenannten Road-Show (eine Art „Hausmesse auf Rädern") in ganz bestimmten Ladengeschäften Aufmerksamkeit zu erregen? In welchen Outlets muss man gesehen werden? Was muss man zeigen, um das Interesse am eigenen Produkt, des Brennmeisters und des Betriebes zu gewinnen? Wo würden Sie in einer fremden Stadt hingehen, um für Ihr Unternehmen zu werben, welche Materialien bräuchten Sie? Sind es die Schaufenster des Einzelhändlers? Etwa Bäckereien („Korn zu Korn")? Optiker („Scharf sehen bleibt"), Geschenke-Boutiquen oder Dessous-Läden

(„Wenn sich die Gattin schöne Wäsche kauft, sollte sie auch ihren Mann nicht vergessen“)?

„Business to Business“

Welche Möglichkeiten sind gegeben, für große oder größere Firmen Produkte in spezieller Art anzubieten? Können personifizierte Flaschen produziert und angeboten werden, etwa für jeden Mitarbeiter eine Flasche mit seinem Namen zum Firmenjubiläum? Gibt es in der Umgebung Firmen mit Bedarf an individuellen Destillaten?

Gute Kampagnen sind wie ein guter Cocktail. Man merkt nicht, wie viel Alkohol drin ist.

... und vieles mehr

Seien Sie kreativ, lassen Sie Ihrer Fantasie und Ihrem Erfindergeist freien Lauf. Denken Sie an Aktionen, an die noch niemand zuvor gedacht hat. Beschreiten Sie neue Wege in der Vermarktung Ihrer Brennerei und Ihrer Produkte.

Das Verkaufsgespräch

Marketing hat nur Sinn, wenn es die wesentlichste Aufgabe erfüllt: den Verkauf der beworbenen Produkte. Wie dies per Verkaufsgespräch gelingen kann, ist höchst unterschiedlich und hat sich im Laufe der Zeit gewandelt.

Ein gutes Verkaufsgespräch ist die Kunst, dem Kunden zu beweisen, dass er unserer Meinung ist.

Ein Blick in die Vergangenheit zeigt verschiedene Möglichkeiten des Verkaufens. Vor vielen Jahren gab es fast ausschließlich Marktplätze, an denen Händler oder Produzenten ihre verschiedenen Produkte vorstellten und zum Kauf anboten. Danach kam eine Zeit, in der „fliegende Händler" von Tür zu Tür marschierten, um ihre Waren anzupreisen und zu verkaufen. Auch das kennen wir heute noch: Ein netter Herr mit Krawatte steht vor der Tür und möchte einen Staubsauger verkaufen. Sie glauben, dass dieser Herr nichts an den Mann bzw. die Frau bringt? Sie täuschen sich! Dies ist nur eine Sache von Quoten. Wenn der höfliche Außendienstvertreter 100 Haushalte besucht, wird er bei zwei oder drei Familien Glück haben und einen Staubsauger für über 1000 Euro vorstellen dürfen und auch verkaufen.

Ein weiterer Zeitabschnitt folgt: Nach Erfindung des Telefons, hatte man Telefonisten eingesetzt, um die Kundschaft anzurufen und die Bestellung einzuholen. Auch dies ist heutzutage noch aktuell, wird aber auch missbraucht von zwielichtigen Unternehmen, die einfach irgendwas „verklopfen" wollen und mit hinterlistigen Taktiken die angerufene und unvorbereitete Person mit geschickten Fragen über den Tisch ziehen. Parallel zum Telefonisten werden in Unternehmen auch Außendienstmitarbeiter eingesetzt, um den Kundenkontakt auch auf persönlicher Ebene zu halten und zu festigen. Ein sehr wichtiges Agieren in einer Zeit der fast vollkommenen Austauschbarkeit.

Auch die Marktplätze haben sich gewandelt: Ein Teil davon nennt sich nun Messe. Egal ob es eine übergreifende, internationale Messe ist oder eine regionale, eher kleine Hausmesse eines einzelnen Herstellers, das Ziel ist immer das gleiche: Verkaufen!

Wenn wir jeden Kunden gewinnen würden, wären wir zu preiswert.

Betrachten wir den Weg vom ersten Kontakt mit dem Gesprächspartner bis hin zum Verkaufsabschluss. Nehmen wir an, Sie möchten mit einem Gastronomen oder einem Fachhändler, welcher künftig Ihre Produkte verkaufen soll, ein Verkaufsgespräch führen.

Der erste Eindruck

Ein Sprichwort sagt: „Sie bekommen keine zweite Chance, einen guten ersten Eindruck zu hinterlassen!“ Sie haben also einen Termin, sind nun vor Ort und möchten Ihren neuen Gesprächspartner kennenlernen und natürlich im Gesprächsverlauf Ihre Produkte vorstellen und verkaufen. Konzentrieren Sie sich ab dem ersten Moment auf Ihren Gesprächspartner. Freuen Sie sich auf dieses Gespräch und zeigen Sie dies, indem Sie lächeln. Ein eingeschaltetes Handy oder Smartphone, das vielleicht alle 10 Minuten klingelt und parallel mit verschiedenen Tönen ankommende Nachrichten meldet, ist störend und gefährdet den Verlauf eines Verkaufsgesprächs. Denken Sie daran: Sie sind kein diensttuender Notarzt, der zu jeder Zeit erreichbar sein muss. Ihr Auftrag ist jetzt ausschließlich, sich absolut und aufrichtig für Ihren Gesprächspartner zu interessieren.

Vergessen Sie nie: Freundlichkeit ist das Öl im Getriebe des Alltags. Lächeln Sie und vergessen Sie nie, dass für jeden Menschen sein Name das schönste und wichtigste Wort ist. Seien Sie ein guter Zuhörer, ermuntern sie den Gesprächspartner, von sich selbst und seinem

Unternehmen zu sprechen. So erhalten Sie wesentliche Informationen, die später wichtig sind, um Ihre Produkte gekonnt zu präsentieren und einen Verkaufsabschluss herbeizuführen.

Ein guter Verkäufer ist ein aufmerksamer Zuhörer, er versteht die Signale aus dem Gespräch zu deuten und kann sie in der Angebotsphase in Vorteile für den Kunden umwandeln.

Wenn Sie mit Begeisterung arbeiten, stehen Ihnen alle Möglichkeiten offen.

Egal zu welchem geschäftlichen Anlass Sie sich jemandem vorstellen, denken Sie an folgende Formel für den ersten Eindruck:

1. Wer bin ich?
2. Was kann ich?
3. Was hast du davon?

Wenn Sie sich für andere interessieren, werden Sie innerhalb von zwei Monaten mehr Freunde finden, als jemand, der nur versucht, andere für sich zu interessieren, in zwei Jahren.

Versuchen Sie, diese drei Punkte in ein oder zwei Sätze zu integrieren, um somit das Interesse Ihres Gesprächspartners zu wecken.

Punkt 3 ist hierbei sehr wichtig. Sagen Sie dem Kunden, welche Vorteile er hat, wenn er mit Ihnen zusammenarbeitet. Die ersten Worte Ihrer persönlichen Vorstellung müssen zu 100% sitzen! Wenn Sie nicht sattelfest sind – gehen Sie (noch) nicht zum Kunden! Trainieren Sie – zu Hause, im Auto und wo immer Sie Zeit dazu haben. Sprechen Sie laut vor sich hin, es hilft. Eine perfekte, freundliche und herzliche Begrüßung ist ein wesentlicher Teil im Verlauf eines Gesprächs. Verkaufen heißt, den Kunden zu einer Kaufentscheidung veranlassen, die er ohne die emotionale Ansprache, die vertrauensvolle Beziehung und die begeisternde Präsentation des Verkäufers nicht getroffen hätte!

Bevor Sie außer Haus gehen, um Kunden zu besuchen, checken Sie sich selbst und Ihre verkäuferische Fitness:

- Fahren Sie rechtzeitig los, um stets pünktlich zu sein.
- Ihre Verkaufsunterlagen sind geordnet, übersichtlich und vollständig.

- Kennen Sie den wirtschaftlichen Hintergrund des Kunden, welche Bedarfsmengen hat er bzw. welche Bedarfsmengen sind vorhanden?
- Welche Produkte bevorzugt der Kunde, welche vernachlässigt er?
- Wie wollen Sie das Gespräch eröffnen?
- Ihre Einwand-Behandlung ist trainiert und sitzt.
- Welche Argumente haben Sie zur Verfügung?
- Welche Produkte möchten Sie vorstellen und verkaufen?
- Welche Zusatzangebote können Sie machen?
- Welche weiteren Dienstleistungen können Sie dem Kunden bieten?
- Welche Fragen werden Sie stellen?
- Was können Sie mitbringen und vorzeigen?

Schreiben Sie diese Punkte als Checkliste auf und Sie werden künftig sehr gut vorbereitet in ein Verkaufsgespräch gehen.

Wir stoßen auf vier Phasen im Verlauf eines Verkaufsgesprächs:

1. Kontaktaufnahme bzw. Anwärmphase,
2. Bedarfsanalyse,
3. Angebot,
4. Abschluss.

Die Kontaktaufnahme bzw. Anwärmphase

Ein Lächeln ist die kürzeste Entfernung zwischen zwei Menschen.

Beim Anfangskontakt oder auch Anwärmphase genannt, geht es darum, ein möglichst positives Klima zu schaffen. Strahlen Sie Ruhe und Kompetenz aus, lassen Sie den Kunden über Dinge reden, auf die er stolz ist. Bauen Sie Vertrauen auf, damit der Kunde sieht, dass Sie nicht nur verkaufen wollen, sondern auch zu mehr Umsatz und Gewinn verhelfen können. In der heutigen Zeit ist dies manchmal nicht ganz einfach, da der Kunde oft unter erheblichem (Zeit-)Druck und Stress steht. Mag sein, dass man früher in einer Stunde verkauft hat und heute zunächst eine Stunde braucht, um den Kunden in eine positive Stimmung zu bringen. Das ist der Lauf der Zeit, ohne positive Stimmung wird der Kunde nicht kaufen. Nutzen Sie die Anfangsphase eines Gesprächs damit Sie:

1. Misstrauen abbauen,
2. Vertrauen aufbauen,
3. Neugierde wecken.

Die Bedarfsanalyse

Versuchen Sie herauszufinden, welchen Bedarf der Kunde hat. Gebrauchen Sie dazu Schlüsselsätze, die die Neugier des Kunden wecken:

- „Wie würden Sie reagieren, wenn unerwartet...?"
- „Was wäre eigentlich, wenn es plötzlich...?"
- „Stellen Sie sich einmal vor, Sie entdecken, dass...?"
- „Würden Sie es ausprobieren, wenn...?"
- „Welchen Effekt hätte xy, für Sie und ihre...?"

Ein Gespräch ohne Vorbereitung ist wie eine Therapie ohne Diagnose.

Durch diese Fragen zwingen Sie den Gesprächspartner zu überlegen und in eine bestimmte, von Ihnen vorgegebene Richtung zu denken. Diese offenen Fragen, sogenannte W-Fragen (was, wie, welche etc.), haben als Antwortmöglichkeit nur ganze Sätze, aus denen Sie viele Informationen ziehen können. Die geschlossenen Fragen hingegen zwingen zu Entscheidungen, da diese nur mit „Ja" oder „Nein" beantwortet werden können. Fragen im Verkaufsgespräch sollten das Ziel haben, den Partner gesprächsbereit zu machen.

Nachdem Sie den Bedarf geschickt erfragt haben, können Sie ein optimales Angebot anbieten. Ob dies im gleichen Gespräch oder zu einem späteren Termin geschieht, ist einerseits abhängig von der Situation, der zur Verfügung stehenden Zeit und von Ihrem Sortiment

Lieber einen tüchtigen Nagel fest einschlagen, als ein paar Reißnägel lose hineinstecken.

und Ihrer Dienstleistung. Oftmals hat man beim Angebot einige Hürden zu überwinden. Es geht hier um verschiedene Arten von Einwänden, die der Kunde vorbringt. Dies zeigt, dass der Kunde mitdenkt, aber Bedenken und Ängste hat, die man behandeln und ausräumen muss. Seien Sie also auf mögliche Einwände vorbereitet. Erstellen Sie sich einen Plan mit möglichen Einwänden und erarbeiten Sie dazu die passenden Antworten und schließen Sie immer mit einer Frage an den Kunden ab!
Wir haben mit zwei Arten von Einwänden zu tun:
Der direkte Einwand

- hat einen konkreten Bezug auf eine Sache und kann behoben werden: „zu teuer", „Abnahmemenge zu hoch" etc. Hier kann man den Einwand durch Verhandeln und konkrete Argumente lösen.

Der indirekte Einwand

- hat keinen Bezug auf eine Sache und gilt als Vorwand: „Ich muss noch überlegen", „Ich weiß nicht so recht" etc. Hier benutzt man die Strategie, einen Einwand in den Mund zu legen, den man lösen kann: „Sicherlich verunsichert Sie unsere große Angebotspalette. Zu Beginn könnten wir mit dem Himbeer-, Kirsch- und Mirabellenbrand beginnen..."

Nachfolgend ein paar Beispiele von Einwänden und mögliche Argumentationen:
„Sie wollen mir ja nur was verkaufen"

- „Stimmt, aber ich bin mir sicher, Sie sind nicht der Typ, der etwas kauft, was er gar nicht braucht."
- „Das stimmt! Ich will sogar, dass Sie mit meinem Angebot zufrieden sind und mich in ihrem Bekanntenkreis empfehlen!"
- Natürlich möchte ich Ihnen unsere Edelbrände verkaufen, vorausgesetzt, dass es Ihnen einen Nutzen bringt. Damit wir dieser Frage nachgehen können, würde ich gerne..."

Betrachten Sie Einwände als Anfrage für weitere Informationen.

„Ihre Obstbrände sind zu teuer“
- „Womit vergleichen Sie den Preis?“
- „Welche Produkte bringen Ihnen mehr Vorteile?“
- „Wenn wir davon ausgehen, dass der Kunde heutzutage mehr denn je auf Qualität achtet, dann haben wir mit unseren Produkten mehr Zuspruch und somit auch mehr Absatz zu erwarten.“

„Ich werde mir das nochmal überlegen“
- „Gerne, welcher Punkt macht Sie denn nachdenklich?“

„Wir haben keinen Bedarf“
- „Dann haben Sie Glück und können die einzelnen Abfüllungen in Ruhe prüfen.“
- „Mit unseren Produkten decken Sie den Bedarf nicht, Sie wecken ihn! Und damit erhöht sich Ihr Umsatz! Probieren Sie es einmal aus – Sie werden wirklich überrascht sein!“

„Wir haben bereits Obstbrände aus dem Haus xy“
- „Ich freue mich, dass Sie sich grundsätzlich für Obstbrände interessieren. Um Qualitäten und Serviceleistungen, die den Abverkauf bzw. die Nachfrage steigern, vergleichen zu können, würde ich Ihnen gerne behilflich sein. Stellen Sie sich vor, Sie würden mit unseren Produkten den Absatz nahezu verdoppeln – wäre das in Ihrem Interesse?“

Verwenden Sie bitte keine „gefährlichen“ Ausdrücke im Verkaufsgespräch. Mit folgenden Aussagen werden Sie vermutlich das Geschäft nicht zum Abschluss bringen:
- „Das ist nicht zu teuer, da muss ich Ihnen aber widersprechen“
- „Da sind Sie aber der Erste, der das sagt“
- „Das kriegen Sie nirgendwo günstiger“
- „Oh je, ist Ihnen das immer noch zu teuer?“
- „Aber bedenken Sie die Qualität“
- „Es ist eben alles teurer geworden“
- „Vielleicht überlegen Sie sich’s nochmal“

Das Angebot

Sprechen Sie weniger über das Produkt und mehr über seinen Nutzen.

Erschlagen Sie Ihren Kunden nicht mit einem Angebot, das aus zu vielen verschiedenen Produkten besteht. Nehmen Sie eine kleine Anzahl von Artikeln mit und verknüpfen Sie diese mit den Aussagen, die der Kunde in der Bedarfsanalyse gemacht hat. Das Muster ist ganz einfach: Beschreiben Sie Ihr angebotenes Produkt nach:

- Eigenschaft,
- Vorteil,
- Identifizierung.

Als Eigenschaften des Produktes könnte man nennen: 100 % Frucht aus der Region, 37 %vol., mit vollen Fruchtaromen in der Nase, mild im Abgang, geprägtes, hochwertiges Etikett, im Geschenkkarton erhältlich etc.

Und nun kommt ein weiterer wichtiger Schritt, nämlich die Eigenschaften in Vorteile, also in Kundennutzen umzuwandeln: aus der Region, handgepflückt, ohne Pestizide, milde und angenehme 37 %vol., ideal nach dem Essen, zum Eis etc., unsere lieben Mütter und Schwiegermütter erkennen die Frucht sofort und lieben dieses Destillat, mild im Abgang und dadurch sehr angenehm zu genießen, das Etikett ist klar lesbar etc. Ebenfalls als Vorteil wäre zu nennen, dass die Produkte nicht im Billigdiscounter erhältlich sind, da nur kleine exklusive Mengen produziert werden.

Die Identifikation ist dann der entscheidende Hebel: „Stellen Sie sich vor…“ oder: „Wären Ihre Gäste oder Kunden damit zufrieden, wenn Sie…?“. Wenn der Kunde sich mit Ihrem Produkt identifiziert, sich vorstellt, wie es sein wird und sich damit wohlfühlt – wird er kaufen! Stimulieren Sie den Kunden während des Verkaufsgesprächs unablässig mit Nutzen und Vorteilen Ihres Produktes. Und zwar so lange, bis er nicht mehr erwarten kann, es zu besitzen!

Der Abschluss

Bevor das Angebot abgeschlossen wird, empfiehlt es sich ein paar „Ja-Fragen" zu stellen. Lassen Sie sich bestätigen, dass Ihre Produkte vom Gesprächspartner akzeptiert werden:

- „Haben Ihnen die Kostproben geschmeckt?"
- „Finden Sie auch, dass xy besonders gut duftet?"
- „Hat Ihnen die Präsentation (Verkostung, Vorstellung) der Produkte und des Unternehmens gefallen?"
- „Können Sie sich vorstellen, dass wir in Zukunft gut zusammenarbeiten?"

Psychologisch ist davon auszugehen, wenn man bereits viermal ein Ja auf ausgesuchte Fragen erhalten hat, wird die nächste Antwort, bei dem man das Geschäft abschließt, ebenfalls ein „Ja" sein. Top-Verkäufer sprechen von der sogenannten „Ja-Fragen-Straße".

Verkaufen ist ein Langstreckenlauf, kein 100 m-Sprint.

Danach fällt es eigentlich ganz einfach, das Geschäft abzuschließen. Eigentlich haben Sie dann gar nicht „verkauft", Sie haben den Kunden „kaufen lassen".

Checkliste der Bedarfssituation

Wie sieht die aktuelle Bedarfssituation Ihrer Ansicht nach aus? Diese gewonnenen Erkenntnisse sollen helfen, konkrete Maßnahmen zu entwickeln.

- Unterscheiden Sie nach Kunden und nach potenziellen Kunden? Letztere können zu einer Umsatzsteigerung deutlich besser beitragen, benötigen anfangs aber auch Zeit, um eine vertrauensvolle Kundenbeziehung aufzubauen. Andererseits dürfen Sie bestehende Kundenbeziehungen nicht vernachlässigen. Verlorene Kunden wieder zu gewinnen, ist sehr schwer.
- Zeichnen sich momentan (leichte, aber dennoch erkennbare) Veränderungen hinsichtlich der Nachfrage

ab? Dies kann auch spezifisch auf bestimmte Produkte erkennbar sein.

- Prüfen Sie neben der Größe des Absatzes auch die regionale Verteilung des Bedarfs?
- Versuchen Sie, die Meinung der Verbraucher zu den von Ihnen angebotenen Produkten und Leistungen zu erfragen? Was ist den Verbrauchern und Verwendern, aber auch Wiederverkäufern und Händlern wichtig?
- Haben die Verwender bestimmte Erwartungen hinsichtlich neuer Produkte? Wenn ja, welche?
- Besteht lohnender Bedarf für die angebotenen Produkte bzw. weiterführenden Leistungen, wie z. B. Führungen, Besichtigungen, Schulungen etc.? Können Sie Brennereiführungen mit einem anschließenden Essen, einer Brotzeit in Verbindung mit einer Verkostung organisieren und welcher Teilnahmepreis pro Person muss dafür erhoben werden?
- Besteht für andere Artikel (On-Pack, Add-On, Geschenkverpackungen etc.) eine Nachfrage bzw. lohnender Bedarf? (On-Pack: ein zusätzliches Glas, Stößel etc.; Add-On: ein Gutschein, ein Neckhanger mit einem Gewinnspiel etc.)
- Wird sich eine Bedarfsentwicklung in der Zukunft verändern? Gibt es bereits erste Anzeichen spezifisch des Markenerlebnisses?
- Was erwarten potenzielle Kunden von Ihrem Angebot?

Die Gastronomie

Wenn man die großen Spirituosenfirmen in Deutschland betrachtet, so ist deutlich zu sehen, dass man im Vertrieb zwei große Gruppen von Absatzkanälen unterscheidet: einerseits den Handel, andererseits die Gastronomie. Letzteres ist für Sie langfristig besonders wichtig.

Man spricht im Zusammenhang mit den beiden Absatzkanälen auch von Off-Trade und On-Trade. Einfach ausgedrückt sind dies die Verkaufsstellen, die einerseits den Hauptabsatz bringen, also der Lebensmitteleinzelhandel, in dem sich der Konsument für zuhause versorgt. Andererseits diejenigen Verkaufsstellen, die das Image eines Produktes fördern, nämlich die Gastronomie. Hier werden Produkte erlebbar gemacht, sei es mit Promotions oder sogenannten Visibility-Tools, wie z. B. Tischaufstellern oder sonstigen Werbeartikeln. Egal, wo Sie in Deutschland gastronomische Objekte besuchen, Sie werden bestimmte Produkte in nahezu jedem Betrieb wiederfinden. Das kommt oder kam im Laufe der Jahre dadurch zustande, dass der Außendienst der Spirituosenfirmen und die Vertriebspartner wie Fachgroßhändler oder Handelsagenturen einschließlich der Werbung im Fernsehen, Radio oder Zeitschriften dafür gesorgt haben, dass bestimmte Produkte an der Bar bzw. in der Gastronomie unverzichtbar geworden sind.

Der Verkauf einer Flasche Edelbrand an den Gastronomen ist nicht nur der Abschluss eines Geschäftes, sondern soll vielmehr der Beginn einer langfristigen geschäftlichen Beziehung sein.

Wie aber kann ein Brenner seine Absatzstruktur im On-Trade forcieren, wenn er über keine nationale Außendienstmannschaft verfügt und von Fachgroßhändlern, welche die Gastronomie beliefern, nicht einmal beachtet wird, da weder sein Unternehmen, noch seine Produkte über die Gemeindegrenzen hinaus bekannt sind und deshalb auch keine Nachfrage besteht?

Die Gastronomie – ein wichtiger Absatzkanal.

Als Brenner mit begrenzter personeller Kapazität sind die Möglichkeiten natürlich eingeschränkt, aber durchaus vorhanden. Nehmen Sie eine Landkarte in einem Maßstab zur Hand, auf der Ortschaften ab 2000 Einwohner zu sehen sind, und ziehen Sie einen Kreis mit einem Radius von 50 km um Ihre Brennerei. Diese Entfernung ist auch bei begrenzt verfügbarer Zeit zurückzulegen, um Kunden zu besuchen.

Um in Ihrer Umgebung bekannt zu werden, reicht es nicht aus, ein paar Zeitungsanzeigen zu schalten oder schöne Prospekte auf Ladentheken anderer Geschäfte auszulegen. Sie als „Gallionsfigur", Vertreter und Inhaber Ihres Unternehmens mit hohen Ansprüchen an Genuss und Qualität müssen sehen und gesehen werden. In dem definierten Kreis um Ihre Brennerei mit genanntem Radius von 50 km ergibt sich eine Fläche von 7850 km^2 (Radius hoch zwei × 3,14; der Kreiszahl „Pi").

Innerhalb dieser Kreisfläche ist mit Sicherheit eine nicht unerhebliche Anzahl gastronomischer Objekte zu finden. Deutschland mit einer Fläche von etwa 357 000 km^2 hat etwa eine Viertelmillion gastronomischer Einrichtungen vorzuweisen. Auf die errechnete Fläche von 7850 km^2 bezogen entspräche dies 5277 Möglichkeiten! Wenn nur 5 % als Kunden für Sie infrage kämen, so wären das 263 neue Objekte bzw. Lieferstellen! Das ist die berühmte Suche nach der Nadel im Heuhaufen. Ja das ist richtig. Und viele andere Hersteller von Spirituosen vor Ihnen haben den gleichen Weg beschritten und wurden erfolgreich.

Diese Rechnung soll nur aufzeigen, dass jede Menge Geschäft in nächster Nähe um Ihr Haus auf Sie wartet. Und jetzt ein paar Fragen, die durchaus wichtig für weitere Entscheidungen auf dem Weg zu mehr Absatz sein werden:

Man muss tausend hässliche Frösche küssen, um einen Prinzen zu finden.

1. Wie viele gastronomische Objekte sind Ihnen innerhalb dieses Kreises um Ihren Betrieb bekannt?
2. Können Sie (einigermaßen genau) beziffern, wie viele gastronomische Betriebe innerhalb des Kreises tatsächlich vorhanden sind?
3. Wie viele Inhaber dieser gastronomischen Objekte kennen Sie persönlich?
4. In wie vielen Betrieben sind Ihre Produkte bereits gelistet und werden dem Gast aktiv angeboten?

Sicherlich sind Ihnen einige gastronomische Einrichtungen bekannt. Dennoch: Machen Sie sich die Mühe und finden Sie alle Objekte mit Adresse und Ansprechpartner heraus. Gehen Sie bei der Erfassung der Adressen zum Beispiel von Ortschaft zu Ortschaft über das Branchenbuch oder die Internet-Seiten der Brauereien, die ihre Vertragslokale aufgelistet haben. Bestimmt liegen in Ihrer Region auch sogenannte Szene- oder Genussmagazine auf, welche ebenfalls als Adress-Pool genutzt werden können. Ebenso Restaurant- und Hotelführer, Websites der Gemeinden, sogar das Navigationssystem im Auto oder Smartphone unter der Einstellung „Essen, Restaurants, Bars“ zeigen etliche Namen und Anschriften von gastronomischen Einrichtungen.

In den 1980er- und 1990er-Jahren hatte der neu eingerichtete Außendienst der Getränkeindustrie die gleiche Aufbauarbeit zu leisten, allerdings ohne Internet und Smartphone. Der zuständige Mitarbeiter fuhr von einem Objekt zum nächsten, auf dem Beifahrersitz ein Berg von Straßenkarten der einzelnen Orte!

Gewinnen Sie einen Kunden, nicht einen „Deal“.

Verkaufen ist eine persönliche Sache! Sie werden vermutlich überrascht sein, wenn Sie feststellen, dass Ihnen bei genauer Betrachtung Ihres 50 km-Umkreises nur wenige Objekte bekannt sind. Ebenfalls werden Sie sich wundern, wenn Sie feststellen, dass die Anzahl der vorhandenen gastronomischen Betriebe erheblich höher ist, als Sie ursprünglich vermutet hatten. Legen Sie sich zum Beispiel eine Excel-Tabelle an, um die Adressdaten richtig verwalten zu können. Je besser Sie Ihre Vorbereitungen treffen, desto einfacher und effizienter sind Sie in der Umsetzung Ihrer Besuchs-, Angebots- und Verkaufsstrategie.

Lassen Sie sich Zeit mit dem Erfassen der Adressen. Gehen Sie ruhig und umsichtig vor. Sie müssen nicht innerhalb von einer Woche alle möglichen Adressenanbieter durchforstet und selektiert haben. Nehmen Sie sich schrittweise die Zeit, die Sie brauchen, um das Potenzial zu laden.

Wenn Sie einen Großteil oder vielleicht sogar alle Adressen erfasst haben, erstellen Sie einen Plan, welche Orte und Objekte Sie besuchen wollen. Ein Kontaktformular, in dem die Adressdaten und weitere Informationen aufgeschrieben werden können, sollte ein fester Begleiter sein, wenn Sie auf Besuchstour gehen. Natürlich sollten Sie auch Visitenkarten und Kataloge oder Portfolio-Folder mit Produkten und Leistungen Ihres Betriebes mit dabei haben.

Setzen Sie sich auch bei den Besuchen nicht zu sehr unter Druck. Sie müssen nicht alle Objekte innerhalb kürzester Zeit besuchen. Gehen Sie auf Besuchstour, wenn es Ihre Zeit erlaubt. Nehmen Sie sich vor, jede Woche zum Beispiel drei oder vier Lokale zu besuchen. Vielleicht geschieht das immer sonntags, wenn Sie sich für die Woche belohnen und zum Essen gehen. Vielleicht führt Sie der Weg in ein weiteres Lokal nach dem Mittagessen auf einen Kaffee oder Espresso und ein Stück Kuchen und schon sind zwei neue Kontakte auf Ihrer Liste. Und so arbeiten Sie sich durch Ihr 50 km-Radius-Gebiet.

Es entstehen Kontakte und Beziehungen zur Gastronomie. Manche Leute kaufen, manche kaufen nicht. Geben Sie nicht auf, bleiben Sie optimistisch. Machen Sie eine Tugend daraus, beim Kunden immer positiv gelaunt und voller Enthusiasmus für Ihren Betrieb und Ihre Produkte zu sein.

Brot und Wasser stillen Hunger und Durst jedes Menschen. Wir haben in unserer Kultur die Gastronomie – mit nahezu unendlichen Möglichkeiten.

Das Neugierig-Machen auf Ihre Produkte, Ihr Haus und Ihre Leistungen ist die Basis Ihrer Gesprächsinhalte. Seien Sie nicht gleich frustriert, wenn die ersten Besuche nicht sofort von Erfolg gekrönt sind. Mit jedem Besuch werden Sie sicherer in Ihrer Gesprächsführung und Argumentation. Analysieren Sie für sich selbst jedes Gespräch im Nachgang. Konnten Sie Misstrauen abbauen, Vertrauen aufbauen und Neugierde wecken? Haben Sie die richtigen Fragen gestellt und motivierende Antworten auf Fragen gegeben? Entwickeln Sie ein Gespür dafür, wie viel Zeit (die Dauer des einzelnen Besuchs und auch Anzahl von Besuchen) ein Kunde benötigt, um Vertrauen zu Ihnen aufzubauen, um schlussendlich zu kaufen und um ein langfristiger, treuer Kunde zu werden. Überwiegend wird erst beim zweiten oder dritten Besuch ein Geschäft zustande kommen, eben nachdem der potenzielle Kunde Sie näher kennengelernt und Sie als vertrauensvollen Geschäftspartner akzeptiert hat.

Aufgeber gewinnen nie und Gewinner geben nie auf.

Sie sind nicht nur Hersteller und Lieferant von hochwertigen Spirituosen, sondern auch „Kümmerer". Kümmern Sie sich um den Gastronomen, bieten Sie Ihren potenziellen, neuen Kunden Unterstützung beim Verkaufen Ihrer Produkte. Eine wesentliche Unterstützung bei Spirituosen ist die Verkostung.
Ein Beispiel: Innerhalb eines Jahres kann eine Brennerei, je nach Lage und Beziehung zu umliegenden gastronomischen Betrieben und Händlern, etwa 100 Verkostungen durchführen. Dies kann als Verkostung im Betrieb mit Betriebsführung oder als Abendveranstaltung unter dem Begriff „Verkostungsmenü" oder „Tasting", aber auch in Fachhandelsgeschäften als „Verkostung", „Degustation" etc. geschehen. Über kundeneigenes Adressmaterial per Newsletter, Email-Einladungen, Website, Plakate, Facebook und natürlich den persönlichen Kontakt werden Interessenten zu diesen Veranstaltungen eingeladen.
Die Personenanzahl schwankt natürlich, manchmal haben Sie acht Personen zu bedienen und manchmal sind 50 Leute bei einer Abendveranstaltung anwesend.
Optimal ist die Durchführung einer Veranstaltung dieser Art in einem geeigneten Raum, den Sie vielleicht bereits als Verkostungsraum in Ihrem Betrieb eingerichtet haben, um Gäste entsprechend empfangen zu können. Im Falle keine Räumlichkeit vorhanden ist, nutzen Sie den Nebenraum eines Lokals, um das Tages- bzw. Abendgeschäft nicht zu stören und nicht gestört zu werden. So schaffen Sie für beide Seiten eine Win-Win-Situation.

Folgende Rechnung soll dies verdeutlichen: Sie bieten ein Obstbrand-Degustationsmenü oder besser gesagt -Erlebnismenü zum Preis von 59 Euro pro Person an. Sie selbst sind der Redner, der über seine Brennerei, seine Vision und seine Produkte spricht. Der Gastronom berechnet Ihnen pro Person 39 Euro für das Menü ohne Getränke. Bleiben für Sie 20 Euro pro Person für Ihre Präsentation und die Kosten der Degustationsware.

Gastro-Check

Lokal:	____________	Ansp.P.:	____________
Strasse:	____________	Position:	____________
PLZ, Ort:	____________	mobil:	____________
Tel.:	____________	E-Mail:	____________

	Schulnoten					Bemerkung:
1. Ess- und Trink-Erlebnis	1	2	3	4	5	____________
2. Gäste-Qualität	1	2	3	4	5	____________
3. Service-Qualität	1	2	3	4	5	____________
4. Qualität Offenausschank	1	2	3	4	5	____________
5. Kooperationsmöglichkeit	1	2	3	4	5	____________
6. ____________	1	2	3	4	5	____________
7. ____________	1	2	3	4	5	____________
8. ____________	1	2	3	4	5	____________
9. Fremdprodukte	ja	nein				____________
10. Schlechtwetter-Events	ja	nein				____________
11. Flaschenverkauf	ja	nein				____________
12. Verkostung / Dinner	ja	nein				Sitzplätze: ____________
13. ____________	ja	nein				Nebenraum: ____________
14. ____________	ja	nein				
15. Leuchtturm / ZA	ja	nein				

Was ist sehr gut, Learnings?	Ansatzpunke zur Kooperation

Bisherige Aktionen von Mitbewerber, Wünsche des Gastwirts, Ideen:

Formblatt Gastronomie-Check.

Die Präsentation Ihrer Produkte im Tasting hat eine intensive Wirkung in Ausstrahlung und Verkauf, wenn dies im entsprechenden Ambiente stattfindet.

Aus Erfahrung ist bekannt, dass sich meist 30 bis 35 Personen an Verkostungsabenden einfinden. Dass der Gastronom an diesem Abend glücklich ist, steht außer Frage: Sie bringen eine Gruppe von Leuten an einem Wochentag, die ein festes Menü verzehren und bis zum Schluss bleiben, also auch Getränke zu sich nehmen. Der während der Woche nicht oft gebuchte Nebenraum ist ausgelastet und beschert dem Gastronomen einen Umsatz von über 1170 Euro plus Getränke in Höhe von etwa 200 Euro. Sie als Spirituosenhersteller, abendlicher Referent und Verkäufer haben für die fünf vorgestellten Produkte eine Einnahme in Höhe von 600 Euro aus der Teilnahmegebühr. Plus etwa 21 verkaufte Flaschen an diesem Abend. Eine jahrelange Beobachtung bei Vorträgen, Verkostungen und Degustationsmenüs zeigt, dass nach diesen Veranstaltungen 0,6 Flaschen pro Person verkauft werden.

Eine wirklich typische Win-Win-Situation: Der Gastronom hat eine optimale Auslastung seines Betriebes und der Händler bzw. Produzent kann seine Produkte optimal präsentieren. Ob dies als ausschließlicher Vortrag oder mit Diaprojektor, Beamer oder ggf. mit Bildschirm geschieht, ist von Fall zu Fall unterschiedlich.

Müde macht nur die Arbeit, die man liegen lässt, nicht die, die man erledigt.

Der Abendumsatz des Flaschenverkaufs sollte nicht unbedingt das primäre Ziel sein! Sie kennen den faden Beigeschmack von privaten Kosmetik-, Plastikboxen- oder Kochtopf-Veranstaltungen in der Nachbarschaft, wo man aus Gefälligkeit etwas bestellt, obwohl man gar nichts braucht. Bei Verkostungen sollte immer die Emotion und Leidenschaft Ihrerseits für die Brennerei und den Genuss im Vordergrund stehen und den Teilnehmer in eine positive Stimmung versetzen, die dazu führt, dass eine lange Beziehung zu Ihnen und Ihren Produkten entsteht. Sie verkaufen keine Kaschmir-Wolldecken, die ein Leben lang halten, sondern ein Konsumgut, das immer wieder nachgekauft werden soll.

TOUGH TIMES IN AMERICA:
Prohibition
17.01.1920 - 05.12.1933
LE NEZ DU WHISKY

Vorträge halten

Bevor Sie zum ersten Mal eine Bühne betreten, um vor 20, 30 oder mehr Personen zu sprechen, seien Sie sich bewusst, dass das Lampenfieber schon so manchen überzeugten, aber ungeübten Redner ins Stocken gebracht hat.

Beginnen Sie vor kleinen Gruppen zu referieren, zum Beispiel bei Brennereiführungen mit fünf Personen in Ihrem Haus. Werden Sie so Schritt für Schritt sattelfest im Umgang mit Publikum. Je öfter Sie vor Leuten sprechen, desto sicherer werden Sie im Auftreten und können dann auch Ihre Gestik und Mimik kontrollieren. Wenn Sie nun redefest mit Geschichten, Humor und Information Ihr Publikum begeistern, wird sich dies ziemlich schnell herumsprechen. Einem Entertainer, der sich auch selbst mal auf den Arm nimmt und mit Witz und Unterhaltung seinen Betrieb und seine Vision vorstellt, hört man gerne zu. Auch die Presse wird dies erfahren und erleben bzw. darüber berichten wollen. Und schon bald müssen Sie nicht mehr um Termine bitten, sondern man bittet Sie, Verkostungen zu übernehmen. Ihre Produkte werden somit mehr und mehr bekannt und Gäste und Kunden finden von selbst den Weg zu Ihnen.

Reden lernen durch Reden reden. Werden Sie ein Meister des Wortes, indem Sie ab heute jede Gelegenheit nutzen, Reden und Vorträge zu halten.

Wenn man sich entscheidet, eine Sache zu tun, dann muss man sich überlegen, wie es funktioniert und nicht wie oder warum etwas nicht geht.

Wer (Lebens-)Erfolg will, muss reden können. Das heißt, man muss sich darstellen, sein Inneres zeigen und fähig sein, seine eigenen Angelegenheiten ohne Bevormundung offen zu verhandeln und auszutragen.

In jeder Präsentation steckt die Chance, ein Produkt bzw. eine Dienstleistung vor Publikum darzustellen. Ob dies spannend oder langweilig erfolgt und ob das

Gesagte haften bleibt oder nicht, liegt einzig und allein am Referenten. Er muss bei Bedarf „alle Register“ ziehen können, um die ihm zur Verfügung stehende Zeit erfolgreich zu nutzen.

Ein Untersuchungsergebnis von Schulungen ergab, dass Teilnehmer an Seminaren nur 20 % dessen, was ihnen Referenten erklärten, in Erinnerung behielten. Und noch schlimmer: Selbst davon war die Hälfte falsch verstanden worden. Die Ursachenforschung führte zur Erkenntnis, dass eine viel bessere Visualisierung der Aussagen nötig wäre. So sollten Vortragende wann immer möglich anhand von Bildern, Powerpoint-Präsentationen, Diashows oder Modellen erläutern. Gutes Visualisieren (also Sichtbarmachen) erhöht die Fähigkeit, zu verstehen und zu behalten. Ein weiteres Resultat stützt diese Aussage. Danach behält der Mensch durchschnittlich:

- 20 % durch Hören,
- 30 % durch Sehen,
- 50 % durch Hören und Sehen,
- 70 % worüber er selbst spricht,
- 90 % von dem, was er selbst ausführt.

Zuhörer integrieren

Oben genannte Zahlen verdeutlichen einen wichtigen Grundsatz:

- Um das Verstehen und Behalten von Inhalten zu fördern, gilt es, die Zuhörer zu integrieren. Je mehr ein Zuhörer sich von Aussagen lediglich berieseln lässt, als passiver Konsument sozusagen, umso weniger groß sind die Chancen, dass er diese behält.

Stellen Sie also auch Fragen. Lassen Sie schätzen, wie viele Birnen eine 0,7 Liter-Flasche Edelbrand beinhaltet. Beziehen Sie Ihre Zuhörer mit ein und sorgen Sie so für überraschende Momente.

Ein weiterer wichtiger Grundpfeiler der Visualisierung:

- Der Referent selbst mit seiner Mimik und Körpersprache ist das wichtigste Medium, um andere „ins Bild zu setzen“. Diese Redewendung verdeutlicht, dass Glaubwürdigkeit und Überzeugungskraft des Referenten zunehmen, wenn das Bild, das sich andere von seinen Aussagen machen, stimmt.

Zuhörer fesseln

An die praktische Präsentation geht man idealerweise mit einigen einfachen Visualisierungs-Spielregeln heran:

Das Geheimnis, um voranzukommen, ist loszulegen.

1. KISS (**K**eep **i**t **s**imple & **s**hort): Nichts ist schwieriger aufzunehmen und zu verarbeiten als zu viel Information auf einmal. Also: Alles Überflüssige streichen und sich auf die wesentlichen Aussagen und Zahlen konzentrieren (zu Deutsch: KUSS-Methode – **K**urz **u**nd **s**ehr **s**impel).
2. Bereits zu Beginn des Auftritts den Titel, eine wichtige Kernaussage der Präsentation oder eine Aussage zeigen, die zum Nachdenken anregt. So sensibilisiert man die Zuhörer bereits am Anfang für sein Thema.
3. Auf einen ansprechenden Medienmix achten: Selbst, wenn man grundsätzlich mit Beamer arbeitet, kann man bestimmte Punkte beispielsweise groß auf ein Flipchart schreiben. So wird das Ermüden der Augen der Zuschauer eher vermieden.
4. Auf die Schriftgröße achten: Können die Charts oder Flipcharts auch aus den hinteren Reihen gelesen werden? Arbeiten Sie bei Präsentationen mehr mit Bildern und weniger mit Text. Den Text erzählen Sie.
5. Wer nur Groß- oder nur Kleinschreibung einsetzt, verringert für das Auge die Leserlichkeit. Schreiben Sie korrekt.

6. Immer horizontal schreiben: Vertikal oder schräg geschriebene Begriffe können nicht leicht erfasst und gelesen werden und ermüden den Teilnehmer.
7. Symbole (Ausrufe- und Fragezeichen, Smileys, Pfeile) als Verstärker einsetzen, um wichtige Passagen hervorzuheben.
8. Ein Bild sagt mehr als tausend Worte. Dem gibt's nichts hinzuzufügen. Also: Filmsequenzen oder Fotos gezielt einsetzen, um Aussagen bildhaft zu unterstreichen.

Spannung oder Langeweile

„Ich habe zehn Gebote. Die ersten neun lauten: Du sollst nicht langweilen", sagte Billy Wilder (amerikanischer Schauspieler, 1906–2002). Sein Motto gilt auch für die Präsentation. Denn gutes Visualisieren allein reicht noch nicht aus, um die Spannung und die Aufmerksamkeit im Publikum hoch zu halten.

Beherrsche eine Sache und die Worte werden folgen.

In meinen Seminaren frage ich die Teilnehmer regelmäßig: „Wenn es dazu kommt, dass die Aufmerksamkeit der Zuhörer einbricht: Wann ist dies Ihrer Meinung nach der Fall?" Immer wieder lautet die Antwort: „Ungefähr knapp nach der Mitte einer Präsentation." Genau so ist es. Durch einen guten, weil motivierenden Start baut man Aufmerksamkeit auf. Doch diese flacht mit zunehmender Dauer der Präsentation ab. Deshalb braucht es gezielte Maßnahmen, um die Aufmerksamkeit zu fördern.

Dazu nachfolgend drei Beispiele, die jeder Präsentierende einsetzen kann:

1. Einen Spannungsbogen kreieren

Der Präsentierende fragt sein Publikum zu Beginn genau die Frage, die durch seine Präsentation beantwortet werden soll, und lässt sie für einen Moment im Raum stehen. – Pause – Er kündigt dann an, dass er mit seiner Präsentation aufzeigen werde, „welche Früchte in der Verarbeitung am teuersten sind, aber den besten Geschmack haben“, oder „in der Verarbeitung am aufwendigsten sind, aber den Charakter einer Spirituose am besten treffen“ und fasst diese Chancen im Schlussteil zusammen. So initiiert er gleich zu Beginn einen Gedankendialog und kreiert so einen Spannungsbogen, der sich bis zur Auflösung hält.

2. „Wer von Ihnen“-Fragen

„Wer von Ihnen“-Fragen sind gut geeignet, um das Publikum zu aktivieren. „Wer von Ihnen hat schon mal ein schlechtes Kirschwasser genossen?“. Man bittet das Publikum, den Arm zu heben. „O.K. Danke. Ich habe noch eine Frage: Wer von Ihnen hat heute Morgen schon eine Spirituosenwerbung gesehen?“ usw. Solche Fragen, kombiniert mit Aufforderungen, lassen sich nutzen, um aufzuzeigen, wie nahe einem Thema der Zuhörer ist. „Sehen Sie ..., meine Präsentation zur Entwicklung der Manufaktur von Kirschen (etc.) betrifft Sie als Genießer ganz besonders und begleitet Sie bis nach Hause in ihr Wohnzimmer!“

3. Hand-out oder Sample als Unterbrechung

Bereiten Sie ein spezielles Hand-out oder ein Produktbeispiel vor, je nach Ziel und Thema der Präsentation oder Verkostung. Damit geht man in der zweiten Hälfte der Präsentation auf sein Publikum zu. So beschäftigt man die Teilnehmer aktiv.

Ein Wechsel der Blickwinkel durch verschieden aufgestellte Beispielmaterialien wie etwa Roll-Up’s helfen, dass sich die Zuhörer leichter konzentrieren und das Geschehen der Präsentation angenehmer mitverfolgen können.

Körpersprache bewusst einsetzen

- Schon beim Eintreten oder auf dem Weg vor die Zuhörer bewusst den Blickkontakt aufnehmen, zu mehreren Personen und für einige Augenblicke. So erhöht man die Aufmerksamkeit des Publikums für seinen Auftritt.
- Sich vor Tische, Technik oder Rednerpult stellen, um diese optische Barriere zwischen sich und den Zuhörern zu überwinden. Verstecken Sie sich nicht hinter einem Rednerpult.
- Unbedingt auf das Publikum zugehen. Beim Begrüßen, bei wichtigen Passagen.
- Sich nicht zu stark auf Powerpoint konzentrieren, sondern zeigen, dass man für die Zuhörer präsentiert. Mehr Bilder, weniger Text.
- Die Hände zeigen, denn die gehören unbedingt vor den Körper.
- Lieber auf wenige, statt auf viele Gesten setzen.
- Ruhige, weite und einladende Gesten bevorzugen, statt kleine und hektische Bewegungen.
- Beide Hände einsetzen, wenn die Gestik es erfordert oder verdeutlicht.
- Die Hände vorwiegend im sogenannten positiven Körperbereich (zwischen Gürtel und Schulter) bewegen: Dies schafft Vertrauen und demonstriert Offenheit.
- Die Hände ruhig einmal ineinanderlegen, sie zum „Zeltdach“ falten oder das Manuskript halten wie ein Politikreporter: Diese drei Gesten strahlen Konzentration aus.
- Zeige-Gesten parallel zu Aussagen einsetzen, um die Wirkung zu erhöhen. Beispiel: Man zählt drei Argumente auf, die für ein Produkt sprechen, und zählt mit den Fingern einer Hand mit: eins, zwei, drei.
- Auch mit den Händen die Form eines Gegenstands nachzeichnen, um die Vorstellungskraft der Zuhörer zu fördern.

- Da die Menschen mit den Augen sehr viel mehr und intensiver wahrnehmen als mit den Ohren, gewinnen Aussagen an Stärke und Kraft, wenn sie von symbolischen Gesten begleitet werden. Manche dieser Gesten zeigen Einstellungen, Gefühle oder Meinungen sogar so stark, dass sie allein stehen können.
- Lassen Sie sich anhand der Checkliste für Reden und Körpersprache von Bekannten und Freunden bewerten, damit Sie stetig besser werden.

Checkliste zur Bewertung von Vorträgen

Beurteilen Sie folgende Kriterien und vergeben Sie hierfür Punkte für den Redner, oder lassen Sie sich beurteilen. Die beste Bewertung ist die Schulnote 1, die schlechteste 6.

Kriterium

- Einstieg in das Thema
- Haltung und Standfestigkeit
- Augenkontakt zu den Teilnehmern
- Mimik – freundlich und sympathiegewinnend
- Stimme – Modulation und Lautstärke
- Sprechtempo
- Das Interesse des Zuhörers wurde geweckt
- Gestik – natürlich, locker, frei
- Struktur des Vortrags – roter Faden erkennbar
- Schlüssige Argumente wurden verwendet
- Fragetechnik – richtig eingesetzt
- Beispiele und Vergleiche wurden verwendet
- Daten, Fakten und Zitate wurden vorgetragen
- Emotionen – der Teilnehmer fühlt sich angesprochen
- Verständliche Sprache – keine zu langen Sätze
- Keine oder nur wenig: „Aaa's" oder „Äää's"
- Einsatz von Hilfsmitteln zur Demonstration
- Wirkungsvoller Schluss
- Wirkung des Redners insgesamt

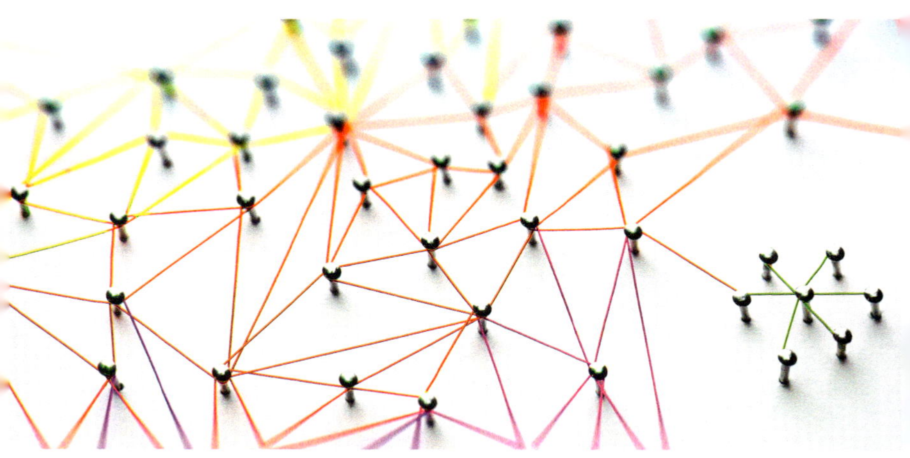

Ihr Netzwerk

In Zeiten der wortlosen, also der nicht mehr gesprochenen, sondern nur noch geschriebenen Kommunikation, wird das Sprechen mit Menschen bald eine neue und erfolgbringende Eigenschaft sein, die bei vielen unserer Mitmenschen verkümmert sein wird. Die persönliche Kommunikation, Menschen beim Sprechen in die Augen zu schauen, ein Netz an persönlichen Beziehungen aufzubauen, hat in Zukunft mehr Bedeutung denn je! Diese sogenannten nichtfachlichen Kompetenzen, auch „Soft Skills“ genannt, sind maßgebend, um einen Betrieb gezielt im persönlichen Kontakt mit anderen Menschen zu vermarkten. „Persönlich“ heißt: von Angesicht zu Angesicht und nicht über den Bildschirm.

„Networking“ bedeutet Aufbau und Pflege von guten, beruflich bedingten Beziehungen zu anderen Menschen. Kontaktgruppen kennen, verstehen und nutzen. Ihr Netzwerk ist die Summe Ihrer persönlichen Beziehungen, bestehend aus mehreren unterschiedlichen Teilen. Grundsätzlich können diese Kontakte in drei große Gruppen eingeteilt werden:

Es geht nicht ausschließlich darum, was du kannst, sondern auch darum, wen du kennst.

Die Förderer Diese Personen sind leicht zu erkennen. Sie kommen gern zu Ihnen und kaufen Ihre Produkte. Sie erzählen gern und lange darüber, mit wem sie Ihre Produkte genossen haben, und sind einfach von Ihnen und Ihrem Betrieb begeistert. Und: Sie begeistern auch weitere Personen, um Ihre Produkte zu probieren und zu kaufen. Dies geschieht sogar in Ihrem Hofladen. Ein Förderer schwärmt einem fremden Kunden in Ihrem Hofladen vor, ein bestimmtes Produkt aus Ihrem Sortiment sei ein perfekter Tropfen für jeden Anlass und übernimmt sogar Ihre Aufgabe des Verkaufens! Je mehr Sie von diesen Leuten in Ihrem Umkreis haben, desto besser. Die sogenannten Förderer haben einen großen und positiven

Abstrahleffekt. Man könnte diese Personen auch als Botschafter bezeichnen.

Die passiv Zufriedenen Sie kommen, kaufen und verschwinden. Diese Personen sind nicht interessiert, andere über ihren Kauf bei Ihnen zu informieren. Die passiv Zufriedenen sind einfach stille Genießer, die zwar treu sind, aber keinerlei Kommunikation für Sie betreiben.

Die Kritiker Dieser Personenkreis ist überall zu finden. Oftmals liegt es bei den Kritikern nicht an einer speziellen Sache, vielmehr geht es um Ihre persönliche Zuneigung und das Beachtetwerden. Wenn Tausende Personen Ihren Betrieb mögen, sich bei Ihnen wohlfühlen, Ihre Obstbrände kaufen, genießen und für genial halten, dann können Sie sicher sein, dass die Kritiker nicht weit sind. Personen, die immer aus der Opposition argumentieren und immer das berühmte Haar in der Suppe suchen. In Zeiten der Social Media fällt es den Kritikern noch leichter, sich über jede Kleinigkeit zu beschweren. Ein paar (anonyme) negative Zeilen in einer Bewertung auf verschiedenen Websites können Ihren Ruf erheblich in Mitleidenschaft geraten lassen. Die Frage, die sich stellt, ist einfach: Hat diese kritisierende Person vielleicht zu wenig Aufmerksamkeit von Ihnen bekommen? Oder welcher tatsächliche Grund steckt dahinter? Im Zeitalter des Internet sind schnell unwahre oder sehr subjektive Eindrücke unwiederbringlich in alle Welt verbreitet und Schutz gegen unqualifizierte Äußerungen gibt es kaum. Versuchen Sie, die Situation bei Kritikern zu entspannen. Suchen Sie den persönlichen Kontakt und Sie werden feststellen, dass durch Ihr ehrliches Interesse der Kritiker vielleicht sogar zum Förderer wird.

Die Gesamtheit der drei dargestellten Personenarten innerhalb eines Netzwerkes, persönlich wie auch im Internet, kann in weitere drei Kategorien des täglichen Lebens eingeteilt werden:

- innerbetriebliche Kontakte, d. h. alle Personen, die Sie in Ihrem Betrieb als Kollegen oder Mitarbeiter haben,
- Personen außerhalb Ihres Unternehmens, also Personen, die Sie durch Ihre berufliche Tätigkeit kennengelernt haben, wie z. B. Kunden, Gäste, Lieferanten, Inhaber und Mitarbeiter anderer Betriebe und
- alle anderen Personen, die Sie privat kennen, wie ehemalige Mitschüler und Studienkollegen, Nachbarn, Freunde, Bekannte, Verwandte etc.

Diese durchaus große Anzahl von Personen bietet für Sie eine perfekte Plattform, um „Networking" zu betreiben.

Das „Networking", also das Miteinander-verbunden-Sein, basiert auf einfachen Regeln. Hierbei ist wichtig zu wissen, dass es nicht nur um das Netzwerk „Internet" geht, sondern vielmehr auch um persönliche Beziehungen zu anderen Menschen, Institutionen, Geschäfte, Vereine, Gruppe usw.

Networking heißt Kontakte knüpfen, die später zu Beziehungen werden.

Eine weitere Frage an Sie: Bei welchen Banken, Sportvereinen, Autohäusern, Schreinereien, Metzgereien, Cafés, Feinkostgeschäften usw. in Ihrer Umgebung sind Sie in Ihrer Eigenschaft als Unternehmer und Brenner mit hervorragenden Produkten bekannt? Bekannt vielleicht schon, aber war Ihr Bankberater samt Kollegen schon mal bei Ihnen? Haben die Mitarbeiter der sonstigen genannten Betriebe und alle weiteren Unternehmen Sie schon mal besucht? Überall in Ihrer Umgebung sind Menschen, die von Ihnen und Ihren Produkten erobert werden wollen. Knüpfen Sie Kontakte in Ihrer Eigenschaft als Brenner, wandeln Sie diese in positive Beziehungen, wo auch immer Gelegenheit dazu besteht. Laden Sie die Leute ein, eine Verkostung zu besuchen oder eine Brennereiführung mitzumachen. Lassen Sie sich zum Beispiel auch auf Gemeinderatssitzungen sehen, gehen Sie zu Vereinsmeisterschaften, Feuerwehrübungen und überall dorthin, wo Menschen anzutreffen sind.

Grundsätzliches zum Networking

Gegenseitigkeit Alles beruht auf Gegenseitigkeit. Networking bedeutet Austausch von Informationen, Gefälligkeiten und Hilfe. Dabei müssen Sie zum Geben genauso bereit sein, wie zum Nehmen.

Vitamin „B" (Beziehungen) schaden nur dem, der sie nicht hat.

Quantität Je größer Ihr Netzwerk, desto eher besteht die Chance, dass sich Ihre ganz persönliche Botschaft verbreitet. Es geht aber nicht nur um einen einseitigen Informationsfluss. Bei speziellen Problemen können Sie innerhalb eines großen Netzwerkes auch leichter Hilfe finden. Es geht also nicht nur um das Verkaufen, sondern auch um das Empfangen.

Qualität Je persönlicher und intensiver eine Beziehung zu jemandem ist, desto mehr Informationen und Unterstützung werden Sie erwarten können.

Dynamik Jeder Mensch hat ein anderes Netzwerk. Dies eröffnet Ihnen ein großes Spektrum an Möglichkeiten für Aktivitäten innerhalb Ihres eigenen Netzwerks.

Pflege Die Qualität einer Beziehung ist auch davon abhängig, wie häufig Sie mit Ihrem Netzwerkpartner Kontakt haben. Sie wird sich verschlechtern, wenn der Kontaktaustausch seltener wird oder Sie zu viele gleichzeitig aufbauen und pflegen wollen.

Ihr Netzwerk Wie groß Ihr Netzwerk ist und wie gut die einzelnen Beziehungen sind, entscheiden Sie allein. Warten Sie nicht darauf, dass andere auf Sie zugehen – tun Sie den ersten Schritt und besuchen Sie Veranstaltungen aller Art.

„Small Talk" – wie geht das?

Bei Veranstaltungen treffen Sie Personen, die Sie nicht kennen. Hier kommt oft die Frage: „Was machen Sie denn so?" Wenn Sie bei der Antwort ins Stocken geraten oder beginnen, einen Roman zu erzählen, sind Sie schnell auf dem Abstellgleis. Das Interesse an Ihnen flacht mit jeder weiteren Minute Ihres Sprechens merklich ab. Kommunikationsprofis wissen das genau und deshalb haben sie eine bekannte, oft gehörte, aber selten beachtete Devise: Du darfst über alles reden, nur nicht über 60 Sekunden. Denken Sie daran, wenn Sie sich demnächst irgendwo vorstellen. Man kommt schnell in Panik bei dem Gedanken, in 60 Sekunden alles über seinen Betrieb sagen zu müssen. Profis lässt das kalt. 60 Sekunden reichen aus, um die wesentliche Information zu formulieren. Deshalb redet ein Profi nicht einfach daher, sondern plant seine 60-Sekunden-Selbstdarstellung, bevor er loslegt. Er verschenkt nicht eine Sekunde Zeit, schließt aber auch mit einer Frage ab, um den Gesprächspartner zu motivieren, von sich zu sprechen. Wenn Sie wie ein Kommunikationsprofi arbeiten wollen, schreiben Sie zunächst die bereits in einem vorhergehenden Kapitel genannten Punkte für sich selbst in knappen Sätzen:

1. Wer bin ich? (Vorname, Name)
2. Was kann ich? (Ihr Spezialgebiet, Ihre Unterschiede zu den Mitbewerbern)
3. Was hat der Gesprächspartner davon? (oder: Für wen ist Ihre Leistung besonders interessant)

Das Ziel der Bildung ist nicht nur das Wissen, sondern auch das Handeln!

Die einzelnen Antworten verbinden Sie zu einem zusammenhängenden Text. Kürzen Sie die endgültige Aussage für die mündliche Vorstellung so lange, bis er weniger als 60 Sekunden Sprechzeit in Anspruch nimmt. Achten Sie aber darauf, dass alle von Ihnen vorher konzipierten Gedanken in Ihrer Vorstellung zu finden sind. Das verlangt großzügigen Umgang mit dem Rotstift. Um Zeit zu sparen, sollten Sie möglichst zwei oder drei ähnliche Gedanken miteinander in einem Satz verbinden. Beispielsweise könnten Sie die Darstellung Ihres Spezialgebietes und dessen besondere Vorteile mit dem Hinweis auf konkrete Referenzadressen von Kunden verbinden. Wenn Sie von vornherein sehr diszipliniert Ihre Kommunikation formulieren, werden Sie feststellen, dass Sie nicht einmal den Zeitrahmen von 60 Sekunden für Ihre Vorstellung benötigen.

„Small Talk", dieser Begriff ist für viele von uns gruselig und belastend. Small Talk, das kurze, zunächst unverbindliche Gespräch, ist nur für den einen nichts bringende Kommunikation, der die Chance nicht ergreift, gute Kontakte knüpfen zu wollen. Wenn Sie der Meinung sind, nie „Small Talk" zu praktizieren, täuschen Sie sich gewaltig. Das Gespräch mit Nachbarn, ein kurzes „Guten Tag, wie geht's", das Gespräch mit anderen Eltern, während man mittags an der Schule auf die Kinder wartet, das alles gehört unter das Dach des „Small Talk".

Aus einem Gespräch mit einem erfolgreichen Unternehmer Ihrer Branche habe ich eine schöne Anmerkung bekommen: 15 % des Erfolgs lassen sich auf technische Fähigkeiten, Intelligenz oder Arbeitsgeschick zurückführen, 85 % des Erfolgs sind jedoch zurückzuführen auf Persönlichkeitsfaktoren, wie etwa Kommunikation, tadellose Umgangsformen und den respektvollen Umgang mit Menschen.

Einige Grundregeln des Small Talk

Klug fragen können, ist die halbe Weisheit.

- Einfach mal zuhören: Lassen Sie andere ausreden.
- Abwechseln: Reden Sie nicht pausenlos. Spätestens nach fünf bis sechs Sätzen ist der andere wieder dran. Sprechen Sie beim Networking auch von Dingen, die den Gesprächspartner interessieren.
- Aktiv aufmerksam: Falls Sie eher zurückhaltend sind, schweigen Sie nicht die ganze Zeit! Ein Gespräch ist ein Dialog zwischen zwei Menschen. Wenn Ihnen nichts einfällt, dann zeigen Sie Ihr Interesse und Ihre

Aufmerksamkeit dadurch, dass Sie einen Gedanken Ihres Gegenübers wiederholen: „Sie meinen also ..."
- Augenkontakt: Sehen Sie Ihr Gegenüber beim Sprechen an, aber nicht ununterbrochen. Angestarrt werden mag keiner. Nur vorbeischauen oder nur auf den Boden schauen wirkt ebenfalls unhöflich und unsicher.
- Ohne „man": Sprechen Sie in der Ich-Form, weil es selbstsicher, persönlich, ehrlich und somit auch sympathischer ist. Vermeiden Sie das unpersönliche, „man hat ja den Eindruck ...".
- „Danke": Sagen Sie zwischendurch auch einmal Danke. „Danke für diesen guten Tipp"; „Danke, dass Sie sich die Zeit für dieses Gespräch genommen haben"; „Danke, dass du mir das gesagt hast."
- Namentlich: Bauen Sie den Namen Ihres Gesprächspartners in Ihre Sätze ein: „Ich schlage vor, Herr Berger, dass wir ...", „Sag mal, Christine, findest du wirklich ...?"
- Freundlich: Zeigen Sie durch Lächeln, einen warmen Tonfall und bestätigendes Nicken, dass Sie den anderen sympathisch finden. Das schafft Vertrauen und klappt auch bei Meinungsverschiedenheiten.
- Offen fragen: Vermeiden Sie Fragen, auf die nur ein Ja oder Nein möglich ist. Das würgt schnell jedes Gespräch ab. Fragen Sie spezifisch, durch W-Fragen. Statt „Gefällt Ihnen unsere Auswahl?" sagen Sie, „Was gefällt Ihnen an unserer Auswahl besonders?"
- Keine Schmutzwäsche waschen: Reden Sie nicht schlecht über andere. Niemals.

You
Tube

Das Social Web

Facebook, Instagram, Twitter & Co. revolutionieren die öffentliche Meinungsbildung und der Siegeszug der sozialen Medien hat auch das Marketing auf den Kopf gestellt. Bedenken Sie jedoch: Professionelle Kommunikation im Social Web will gelernt sein.

Mehr und mehr Unternehmen beschäftigen sogenannte Social-Media-Manager als wichtiges Bindeglied zwischen Kunden, Konsumenten und Unternehmen. Sie haben die Aufgabe, Vertrauen aufzubauen, und entwickeln Konsumenten zu Markenbotschaftern weiter. Das Mitmach-Internet stellt somit ganz neue Herausforderungen an die gesamte Kommunikation eines Unternehmens und verändert das Marketing nachhaltig. Immer mehr Organisationen wollen daher wissen, wie sie mit den öffentlichen Dialogen, die im Social Web stattfinden, umgehen sollen bzw. wie sie sich selbst dort einbringen können. Hier sind Social-Media-Manager gefragt oder zumindest das Wissen über den professionellen Umgang, um Überzeugungsarbeit zu leisten, Veränderungsprozesse zu steuern sowie zielgruppengerechte Lösungen im Einsatz von Social Media zu entwickeln und umzusetzen.

Nichts ist einfacher als beschäftigt zu sein, aber nichts ist schwieriger als auch effektiv zu sein.

So schaffen Sie sich einen guten Ruf im Netz

1. Bevor Sie mit der Selbstvermarktung loslegen, googeln Sie sich, um herausfinden, welches Image Sie im Netz abgeben. Richten Sie außerdem bei Google einen Alarm für den eigenen Namen ein, um per Mail auf dem Laufenden zu bleiben, wenn neue Einträge im Netz über Sie auftauchen.

2. Erstellen Sie aussagekräftige Profile bei Karriere-Netzwerken wie Xing und LinkedIn, auf denen Sie Fähigkeiten und berufliche Erfahrungen prägnant präsentieren. Heben Sie sich ab, indem Sie auf Spezialisierungen hinweisen. Öffnen Sie Ihre Profile für Suchmaschinen und verlinken Sie Ihre Auftritte und Aktivitäten untereinander. In der Regel rangieren die Netzwerke weit oben bei der Suchmaschinen-Abfrage. Da dies häufig das Erste ist, was Suchende sehen, können Sie hier die Wahrnehmung Ihrer Person und Ihres Unternehmens gezielt steuern.
3. Um sich auf einem Fachgebiet zu profilieren, sollten Sie unter dem eigenen Namen eine Website oder einen Blog führen. Stellen Sie sicher, dass man leicht Kontakt zu Ihnen aufnehmen kann. Wichtig: Entwickeln Sie ein klares Konzept, an wen sich Ihr Angebot richtet. Je nach Branche kann es sinnvoll sein, auf YouTube oder in einem Blog eigene Videos zu veröffentlichen. Auch originelles Twittern trägt dazu bei, Ihre Expertise unter Beweis zu stellen.
4. Kontinuität, Ehrlichkeit und Geduld beim Aufbau der Online-Präsenz sind der Schlüssel zum Erfolg. Nur wer regelmäßig seine Website oder den Videokanal bestückt, wird wahrgenommen und kann sich stufenweise als Fachmann etablieren. Schnellschüsse gehen im digitalen Rauschen unter. Erstellen Sie einen Plan, wann Sie welche Inhalte ins Netzt stellen wollen. Der Erfolg im Netz liegt auch hier in der exakten Vorbereitung.

Der Kunde ist nicht mehr König, er wird mehr und mehr zum Diktator.

5. Um sich als Experte im Netz zu positionieren, müssen Sie auf Kommentare reagieren und bei Fragen weiterhelfen. Suchen Sie Kontakt zu anderen wichtigen Akteuren Ihrer Branche. Diskutieren Sie in Fachforen kompetent und auch mal provokant mit. Aber vernachlässigen Sie auch den Offline-Bereich nicht, um den Sprung von der virtuellen sicher in die reale Welt zu schaffen.

So säubern Sie das Internet von übler Nachrede

1. Eine Regel, um rufschädigende Einträge zu verhindern, ist einfach: Vorsorge ist besser als Nachsorge. Seien Sie sich im Netz immer bewusst, dass Bilder, Foreneinträge oder Blog-Artikel nie mehr zu löschen sein könnten. Sollten Sie beispielsweise Facebook nur privat verwenden, aktivieren Sie entsprechende Einstellungen, die den wilden Suchern auf Google den Zugriff verwehren. Nutzen Sie in Foren nicht Ihren tatsächlichen Namen.
2. Wenn unvorteilhafte Fotos oder Kommentare von Ihnen in sozialen Netzwerken kursieren, entfernen Sie diese ganz oder zumindest Ihre Markierung darauf, falls sich die Bilder nicht in Ihrer Kontrolle befinden. Das Facebook-Konto lässt sich zwar löschen. Wurden aber kompromittierende Beiträge bei anderen Nutzern nicht gelöscht, geistern diese weiter durchs Netz. Bitten Sie also den Profilinhaber um Entfernung.

Man löst keine Probleme, indem man sie auf Eis legt.

3. Dass ein Blog-Eintrag kritische Kommentare hervorrufen kann, ist selbstverständlich. Hier sollte man souverän reagieren: konstruktiv antworten oder ignorieren. Wenn dagegen unbedacht getippte Bemerkungen über das Unternehmen in einem Forum oder aber Beschimpfungen auf Websites auftauchen, sollte man den Seitenverantwortlichen kontaktieren und um Löschung bitten. Ein freundlicher Ton ist da hilfreich. Bei rechtlichen Problemen auf deutschen Seiten lässt sich über denic.de in aller Regel der Betreiber ausfindig machen.
4. Verlockend erscheint das Angebot von einigen Reputationsagenturen, die damit werben, Negativeinträge in kürzester Zeit verschwinden zu lassen. Diese vollmundigen Versprechen sind oft nicht zu halten,

denn auch sie können Inhalte nicht einfach ausradieren, sondern bloß bei Seitenbetreibern darum ersuchen. Einige Agenturen mögen gute Kontakte zu Website-Betreibern haben, aber eine Garantie gibt es nie.

5. Da nur Gerichte erzwingen können, Einträge aus dem Netz zu nehmen, sollten Sie wenn möglich nicht zu viel Energie ins Löschen stecken, sondern positive Einträge platzieren, um die negativen Beiträge auf hintere Plätze der Suchmaschinen zu drücken.

Bei Postings und Kommentaren in sozialen Netzwerken sollte man vorher nachdenken, was ein Post für Folgen haben kann oder haben könnte. Deshalb: THINK – erst (nach-)denken, bevor Sie etwas online stellen.

T – is it **T**rue? (ist es wahr?)
H – is it **H**elpful? (ist es hilfreich?)
I – is it **I**nspiring? (ist es inspirierend?)
N – is it **N**ecessary? (ist es notwendig?)
K – is it **K**ind? (ist es gut gemeint?)

Instagram, Hashtags, Facebook

Die digitale Welt hat uns fest im Griff. Nicht nur Internetspezialisten, sondern vor allem die heranwachsenden Konsumenten sind im Gegensatz zu den Mittvierzigern bestens vertraut mit Begriffen wie: SwipeUp, Regraming, Capture, Moodboards, Hashtag, Vibes, Feed, Flatlay und digital-detox. Ein handwerklich versierter Obstbrenner, der die digitale Welt nur von Erzählungen her kennt, sich vielleicht auch nicht wirklich dafür interessiert, ist hilflos und hat jede Menge Fragezeichen im Kopf. Aus der Praxis des Handwerks kommend, ist man durchaus überfordert mit einer Materie, die nur über den Computer oder das Smartphone erreichbar ist.

Was ist eigentlich wichtig auf sozialen Plattformen? Die Apps, die unsere digitale Welt beherrschen, sind zugleich eine Art neuer Visitenkarten! Mit über 300 Millionen Mitgliedern ist zum Beispiel Instagram eine Plattform, um die man heute im Online-Marketing kaum noch, eigentlich gar nicht mehr, herumkommt.

Instagram

In Deutschland ist dieser Dienst immer noch im Entstehen und noch nicht vollständig angekommen und genutzt. Ein Grund mag vor allem darin liegen, dass die Mischung aus Microblog und Bilderbuch nicht jedem behagt und dies auch nicht jeder versteht. In Instagram dreht sich mehrheitlich alles um Bilder. Wer keine Bilder hat und auch keine (sehr guten) Bilder anfertigen kann, ist somit (noch) nicht bereit für Instagram.

Was ist Instagram?

- Es ist ein Vermarktungstool, ein digitaler Ort für Kundenbindung, egal ob durch Reposts, Gewinnspiele oder Wettbewerbe.
- Es ist ein Ort für Content-Marketing (Content = Inhalt), wobei die Bilder meist emotional sind und direkt ins Herz gehen.
- Auf Instagram kann man seine Kunden besser kennenlernen und Trends früher erkennen oder selbst mitentwickeln.
- Instagram-Nutzer sind aktiver, aufnahmebereiter, persönlicher, empfehlungsfreudiger und positiver.
- Instagram ist einfach zu bedienen, überall mittels Smartphone nutzbar, inspirierend und eine Chance für jeden.

Was kann Instagram?

- Themen werden auf Instagram gesucht, gefunden und entdeckt.

- Events werden in Echtzeit geteilt.
- Experten können sich mit Marken, Kunden und Influencern, also beeinflussenden Persönlichkeiten vernetzen.
- Neue Kunden werden gewonnen.
- Trends werden geteilt, Trends können auf Instagram gestartet werden.

Wie wird mit Instagram gearbeitet?
- Mehrmals täglich werden Nachrichten oder Ereignisse veröffentlicht.
- Es sind keine (Bild-)Filter notwendig.
- Text auf Bilder einzufügen, ist ein Muss.
- Die Dokumentation aus dem Alltag wird intensiv gepflegt.
- Das Tool ist perfekt für Ankündigungen von Veranstaltungen aller Art.

Do's
- Fokus beim Bild auf das Produkt mit unscharfem Hintergrund
- Helle, einfarbige Unter- oder Hintergründe
- Emotionale Close-Ups

Dont's
- Schlechte Bildqualität
- Dunkle Hintergründe
- Collagen

Hashtags – wichtige Worte

Hashtags sind neben den Bildern die wesentlichen Elemente von Instagram. Ein Hashtag ist eine Komposition aus den englischen Wörtern „hash“ und „tag“, wobei es sich bei „hash“ um das englische Wort für das Doppelkreuz (#) handelt und „tag“ für Markierung oder Etikett steht. Hashtags erlauben es nämlich, dass Bilder auch gefunden werden können. Ein Hashtag ist ein Wort, das mit einem # anfängt, also beispielsweise: #hashtag. Wenn man ein Hashtag eingibt, sieht man immer gleich, wie viele andere Bilder mit diesem „tag“ schon versehen sind. Diese Anzahl spiegelt oft auch die Popularität des Themas wieder, sodass man sich hier schnell mehr Likes erhoffen kann, da viele nach diesem Hashtag suchen.

Allerdings bedeuten populäre Hashtags auch, dass das eigene Bild schnell von anderen, fremden Bildern von der Auflistung der aktuellen Beiträge verdrängt wird. Es macht deshalb definitiv Sinn, auch Hashtags zu verwenden, zu denen noch nicht so viele Bilder veröffentlicht wurden, da man so auch über die Zeit weiter vorne bei den aktuellen Bildern des entsprechenden Hashtags steht und dadurch auch einfacher gefunden werden kann.

Sorgen Sie dafür, das zu haben, was Sie lieben, sonst sind Sie gezwungen das zu lieben, was Sie haben.

Die Länge sowie die Groß- und Kleinschreibung von Hashtags ist egal, allerdings dürfen sie keine Sonderzeichen (wie §, $, %, &) und vor allem keine Leerzeichen beinhalten. Möchten Sie zeigen, dass Wörter in einem Hashtag getrennt sein sollen, dann kann man zwischen diese einen Unterstrich einfügen (#ein_hashtag). Generell lohnt es sich aber auch hier wieder zu schauen, welche Schreibweise am populärsten ist.

Die maximale Anzahl an Hashtags in einer Bildbeschreibung ist limitiert. Maximal können 30 Tags pro Beitrag vergeben werden. Ohnehin sollte man darauf achten, nicht zu viele Hashtags für die Beschreibung zu nutzen, da dies auch den Lesefluss stört.

Social-Media-Plattformen leben vom Geben und Nehmen. Vergessen Sie deshalb nicht:

- sich für den Follower (Besucher) Ihrer Posts (Veröffentlichungen) zu engagieren: Schauen Sie sich auch die Bilder Ihrer Besucher an. So zeigen Sie auch Ihr Interesse. Alles was Sie anklicken und somit anschauen, kann vom Initiator gesehen werden.

- Bilder zu liken und zu kommentieren – eine entsprechende Interaktion ist wichtig;
- nie die passenden Hashtags zu vergessen;
- regelmäßig zu posten;
- inspirierende Accounts zu verlinken und Regrams durchzuführen, also das erneute Veröffentlichen, um erneut gefunden zu werden. Vorausgesetzt, sie haben aktuell keinen Content, also Inhalt zur Veröffentlichung.

Facebook

- Der Content (Inhalt) ist meist informativ und nicht emotional, oftmals wird auch kritisiert.
- Veranstaltungen zu erstellen und zu teilen, ist der wesentliche Punkt, um bestehende und neue Konsumenten zu rekrutieren.
- Das eigene Profil sollte immer up to date, also aktuell sein.
- Wie bei Xing und LinkedIn sollte man nach neuen interessanten Bekanntschaften suchen.
- Videos (mit weniger als 60 Sekunden) funktionieren besser als Fotos.
- Live-Videos sind ein guter Weg, seine Facebook-Freunde besser kennenzulernen.

Hinweise

- Übernehmen oder posten Sie keine fremden Bilder (Urheberrecht!).
- Die Qualität der Aussage und die Qualität der Bilder ist auch hier ein wichtiger Punkt. Nur beste Bilder online stellen.
- Sorgen Sie für Markenrelevanz mit markenbezogenen Meldungen. Meldungen rund um die Marke sind interessanter als Meldungen zu bestimmten Produkten oder ganz anderen Themen. Ein durchdachter, einheitlicher Ton steigert die Werbeerinnerung und die Stimme Ihrer Marke.

- Bringen Sie mit Beiträgen die Besucher zum Lächeln und Wohlfühlen. Bringen Sie einen Aufmerksamkeitsbonus. Belohnungen fördern die Kaufabsicht.
- Verwenden Sie kurze Texte. Beiträge mit 100 bis 250 Zeichen werden etwa 60 % häufiger mit „Gefällt mir“ markiert, kommentiert und geteilt.
- Posten Sie regelmäßig zum guten Zeitpunkt. Nach 3 bis 4 Tagen werden Ihre Kampagnen uninteressant und brauchen neue Postings.
- Rufen Sie eine Reaktion hervor. Beiträge mit einer Handlungsaufforderung sind am interaktivsten. Beiträge mit Feldern zum Ausfüllen sorgen für 90 % mehr Interaktionen.
- Posten Sie Beiträge, die Nutzer gerne teilen wollen. Folgen Sie dem Prinzip des Teilens,
  - um das Leben einfacher zu gestalten,
  - um Beziehungen aufzubauen,
  - um anderen zu helfen,
  - um eine gemeinsame Identität zu formen.
- Reagieren Sie auf Ihre Fans. Machen Sie Ihren Kunden mit einer Reaktion eine Freude und steigern Sie so die Interaktion und den Beziehungsaufbau.
- Auf YouTube finden Sie dazu lehrreiche Tutorials.
- Bilder, die nicht perfekt arrangiert sind, wie z. B. benutzte Tische und Banketts, leer gegessene Buffets etc. gehören nicht ins Netz.
- Als wichtige Apps zur Bildbearbeitung können kostenfrei genutzt werden: Facetune, Hyperlapse, Afterlight und VSCO Cam.

Das Pro und Kontra zu Social Media

In der heutigen Markenwelt sind Social Media zu einem festen Eckpfeiler geworden, um ein Geschäft auf- und auszubauen. Es ist wahr, dass Social Media eine Fülle von neuen Kontakten und Geschäften generieren kön-

Je höher die Technologie der Menschheit entwickelt ist, umso höher wird auch das Kontaktbedürfnis.

nen. Aber das funktioniert nicht für alle Bereiche des täglichen Lebens.

Social-Media-Marketing ist auf dem alten Prinzip der Mund-zu-Mund-Propaganda und seiner Vernetzung der Kommunikation aufgebaut. Früher wurden beim Metzger in der Warteschlange oder beim Friseur die interessantesten Neuigkeiten aus der unmittelbaren Umgebung ausgetauscht. Heutzutage funktioniert dies über das Smartphone, allerdings nicht mehr regional, sondern sofort weltweit! Dieses Nachrichtenprinzip nutzen nun auch Unternehmen auf der ganzen Welt. Mund-zu-Mund-Propaganda und Weiterempfehlungen sind somit im heutigen Geschäft nicht nur einfach bereitzustellen, sie erzielen auch einen schnelleren und größeren Einfluss als es noch vor wenigen Jahren der Fall war.

Wenn Sie erwägen, Social Media für Ihr Unternehmen zu verwenden, gibt es einige Vor- und Nachteile, die Sie berücksichtigen sollten. Wie gesagt, nicht wenige Unternehmen haben mittlerweile Social-Media-Management-Positionen geschaffen, die sich ausschließlich damit beschäftigen, positive und inspirierende Nachrichten im Netz zu verbreiten, mit dem Ziel, neue Konsumenten zu finden. Kleinere Unternehmen können Nebenbeschäftigungen in Aussicht stellen, um diese Vernetzung und Multiplikation ebenfalls auf sicherer Basis voranzutreiben.

Pro – das spricht dafür

- Social-Media-Marketing ist günstiger gegenüber dem traditionellen Marketing wie Zeitungsanzeigen, Plakate, Handzettel, Fernsehen etc.
- Sie erhalten ein schnelles, ehrliches und detailliertes Feedback von Ihren Kunden.
- Social-Media-Marketing erlaubt eine engere Beziehung zu Ihren Kunden.

- Jeder Kunde und jeder Angestellte ist ein potenzielles Medienunternehmen und gleichsam Verkäufer für Ihre Firma: Social Media ermöglichen Mund-zu-Mund-Propaganda und Weiterempfehlung auf digitalem Sektor.
- In der Vergangenheit haben oftmals die Firmen gewonnen, welche das meiste Geld für Marketing und Werbung ausgegeben haben. Heute ist es die Firma, welche tolle Produkte und ein tolles Erlebnis für die Kunden schafft. Social Media bringen dieses Erlebnis in Echtzeit in der Geschwindigkeit des Internet.
- Social-Media-Marketing braucht allerdings auch Zeit und Planung. Viele kleinere Unternehmen sind nicht gewillt, diesen Aufwand zu betreiben. Die Firmen, die es tun, stechen hervor.
- Wenn die Produkte und der Service Ihrer Firma einem einzigartigen und gut durchdachten Plan zugrunde liegen, kann Social-Media-Marketing ein Eigenleben entwickeln und helfen, Ihre Firma bzw. deren Absatz und Nachfrage exponentiell wachsen zu lassen.

Kontra – das spricht dagegen

- Häufig treten die Profite aus Social-Media-Marketing erst nach Monaten ein, anstatt sofort. Es sollte nicht wie z. B. Google AdWords betrachtet werden, welches einen raschen Rücklauf verspricht. Es sollte mehr als Marken-Werbung und guter Kundenservice betrachtet werden, was sich über längere Zeit auszahlt.
- Werkzeuge wie Social Media können sich sehr schnell verändern. Am einen Tag sind es MySpace, Orkut und Friendster – am nächsten Tag sind es Facebook und Google+1.
- Es gibt verschiedene und teilweise auch versteckte Kosten. Und es braucht Zeit, um Beziehungen zu Kunden aufzubauen. In der realen, der sogenannten „Offline-Welt“ braucht es ebenfalls Zeit und Geld, um

Mit Schlagzeilen erobert man zwar die Leser – aber nur mit Informationen behält man sie.

Kundenbeziehungen aufzubauen. Das Social Web ist kein Selbstläufer.

- Für mache Unternehmen ist es ein Vollzeitjob, sich um Social Media zu kümmern. Eventuell müssen Sie jemandem in Ihrem Unternehmen diese konkrete und komplexe Aufgabe übertragen oder neues Personal einstellen. In einigen Fällen kann eine Auslagerung des Social-Media-Marketing an eine externe Firma, die dafür spezialisiert ist, eine Möglichkeit sein.
- Social-Media-Marketing kann die Menge der Kommunikation von Angesicht zu Angesicht mit bestehenden Kunden reduzieren.
- Wenn Kunden das Gefühl haben, nicht richtig behandelt zu werden, haben diese mächtige Werkzeuge, um ihre Sicht auszudrücken, und das kann sich negativ auf Ihre Marke und Ihre Reputation auswirken. Es kann Mehraufwand bedeuten, einen Schaden zu reparieren oder über das gleiche Medium zu korrigieren.
- Social Media können ein Eigenleben entwickeln und der Firma in bestimmtem Maße empfindlich schaden.

Des Weiteren ist zu beachten, dass alle Marketing-Aktivitäten gewisse Kosten verursachen. Um es richtig zu machen, muss man Strategien entwickeln, um Social-Media-Aktivitäten mit Newslettern, auf Webseiten und mit Print-Werbung zu vereinen. Das gesamte herkömmliche Marketing sollte dennoch eng in die Aktivitäten von Social Media eingebunden werden. Es müssen also an den herkömmlichen Praktiken einige Anpassungen vorgenommen werden, um zu helfen, dass das gesamte Vorhaben „Social Media" richtig entwickelt und eingesetzt wird. Wenn Sie im Social-Media-Bereich aktiv werden, vergessen Sie nicht, ein Budget für zusätzliche Kosten einzuplanen. Bezahlte Werbung auf Facebook hilft ebenfalls, die Resultate Ihrer Kommunikationsstrategie weiter zu verbessern.

Markenbotschafter

Das „Word-of-Mouth", also „das gesprochene Wort" oder treffender: die Empfehlung eines Freundes, ist in unserer Zeit wohl einer der besten Impulse für Kaufentscheidungen. Die Strategie des Markenbotschafters ist es, ein Produkt über die „gesprochene" Botschaft zu präsentieren.

Das Thema Markenbotschaft, Kaufimpuls und Kaufentscheidung beschäftigt Marketing-Experten tagein, tagaus. Durch verschiedene Blickwinkel wird bewertet, welche Maßnahme denn die effektivste bzw. effizienteste sein könnte. Im Zuge dessen ist auch das Vortragswesen mit einhergehender Verkostung als Teil der Kommunikation und des Marketings zu sehen, welches ebenfalls sehr interessante Aspekte der Kundenbindung innehat. Zudem kann festgestellt werden, dass wir in Deutschland etliche Personen haben, die nebenberuflich als Referenten tätig sind. Diese halten Spirituosenvorträge und Tastings bzw. Verkostungen und sprechen über das gesamte Entstehen einer bestimmten Spirituose. Dies geschieht an Volkshochschulen, im Fachhandel, in Restaurants oder sonstigen, nicht ausschließlich gastronomischen Einrichtungen. Die Vortragenden beschäftigen sich in ihrer Freizeit mit allen Bereichen der verschiedenen Spirituosen, einschließlich der Herstellung und gegebenenfalls auch der Lagerung. Meist sind sie autodidaktisch aus- und weitergebildet in den Gebieten Alkohol-, Edelbrand-, Rum-, Gin- und Whiskyherstellung. Auch in Ihrem Umkreis finden sich mit Sicherheit Personen, die an Bildungseinrichtungen oder an sonstigen Stätten des Genusses über Spirituosen referieren.

Alles, was der Mühe wert ist, getan zu werden, ist auch der Mühe wert, so lange zu suchen, bis man jemanden gefunden hat, der fähig ist, es zu tun.

Um einen Überblick zu bekommen, ist zu empfehlen, verschiedene Seminare dieser Referenten zu besuchen und festzustellen, wer in welcher Form präsentiert. Von Referent zu Referent werden Sie erhebliche Unterschiede bemerken. Teilweise werden Sie Dinge hören, die vielleicht nicht unbedingt den Tatsachen entsprechen. Dies beginnt bereits bei der Wortwahl des Referenten. Wenn dieser beispielsweise in seiner Beschreibung erwähnt, dass eine Spirituose blumig duftet und so angenehm sei wie ein sommerliches Parfum, so begibt er sich auf gefährliches Terrain. Wenn nun ein Teilnehmer nicht durchgehend konzentriert zuhört und bei den Ausführungen das Wörtchen „Parfum“ hört, so kann es passieren, dass der abendliche Besucher dieser Verkostung einen ganz anderen Gedanken mitnimmt und an Tagen danach in seinem Bekanntenkreis wiederum erzählt, dass die damals vorgestellte Spirituose „parfümiert“ sei. So geschehen bei einer durchaus bekannten Spirituose. Es hat erhebliche Zeit gedauert, bis diese falsche Information aus den Köpfen der Konsumenten wieder verschwunden war.

Nach und nach entstand so die Idee, eine Vereinigung von Referenten zu gründen. Diese Gruppe von Personen sollte mit korrekten Informationen und professionellem Präsentationsmaterial ausgestattet sein, damit Produktwissen und Produkte richtig und emotionsgebunden vorgestellt und verkostet werden können. Nach etwa einjähriger Recherche wurde vom Autor Helmut Knöpfle im Jahr 2007 ein Kreis von Referenten, die über ganz Deutschland verteilt waren, zu einer Gründungsveranstaltung eingeladen. Der Zuspruch dieser Idee war durchaus passabel. Von den eingeladenen 26 Personen kamen 24! Die Gemeinschaft von haupt- und nebenberuflichen Referenten wuchs über einen Zeitraum von 10 Jahren auf die stattliche Zahl von 104 Mitgliedern. Die Botschafter sind zwar höchst unterschiedlich, haben aber einen gemeinsamen Nenner: Genuss von Spirituosen. Dies führt zu einem intensiven Ideen- und Interessenaustausch.

Wer alleine arbeitet, addiert, wer gemeinsam arbeitet, multipliziert.

Mit der Gründungsveranstaltung und dem großen Zuspruch der Referenten im Jahr 2007 war gewissermaßen über Nacht, ein Team von 24 Personen entstanden, die stolz darauf waren, in einer deutschlandweiten Gemeinschaft organisiert zu sein. Diese Mannschaft sollte nun auch immer zuerst mit neuen Informationen aus den Brennereien versorgt werden, um entsprechend interessante Geschichten und Informationen verbreiten zu können. Eine Maßnahme, um vertrauenswürdiges Marketing für die vertretenen Produkte, aber auch Werbung für den Referenten selbst betreiben zu können.

Anmerkung des Verlags: Für diese Form der Markenbotschaft wurde Helmut Knöpfle im November 2013 während der Interwhisky in Frankfurt/Main mit dem Titel „Germany's Best Whisky Motion" ausgezeichnet – siehe auch das Magazin „Whisky-Botschafter" Ausgabe 1/2014. Darüber hinaus bekam er im Jahr 2018 den Titel „Keeper Of The Quaich" für außerordentliche Verdienste im Scotch Whisky Business in Schottland auf Blair Castle – siehe Magazin „Whisky Botschafter" Ausgabe 3/2018. Hintergrund der Auszeichnungen war die Idee, im Bereich Whisky und Whiskey, eine Gruppe von Personen zu formieren, die eine einheitliche, sachlich richtige und vertrauenswürdige Botschaft kommunizieren sollte.

Mittlerweile veranstalten die Referenten des **Ambassador Club** pro Jahr über 1600 Verkostungen und erreichen dabei weit über 30 000 Personen als Verkostungsteilnehmer.

Diese gewaltige Menge an Verkostungskontakten mit Ware kostenlos zu versorgen, ist unmöglich. Ein Referent, der ein ernsthaftes Interesse an Produkten hat und gewissenhafte Tastings anbietet, ist durchaus bereit, für Verkostungsware zu bezahlen, denn sein Honorar

Ambassador-Club-Treffen 2017.

wird durch die Teilnehmer als Gebühr finanziert. Natürlich bekommt der Referent für die Verkostungsware einen entsprechend günstigen (Referenten-)Preis. Um auszuschließen, dass der Referent keinen Handel mit der vergünstigten Verkostungsware betreibt und die Marktpreise nicht unterbietet, wird hier mit einer gewissen Kontrolle gearbeitet, in der nachzuweisen ist, wo welche Veranstaltung stattfindet oder stattgefunden hat. Ein Missbrauch zieht den unmittelbaren Ausschluss aus dem Ambassador Club nach sich.

Über die Jahre entstand ein nicht zu unterschätzender Einfluss auf den Markt. Mittlerweile sind sieben Gebiete innerhalb Deutschlands entstanden. Aufgrund der flächendeckenden Verfügbarkeit von Referenten können nun auch Messen, Events oder ähnliche Veranstaltungen mit Referenten als Markenbotschafter an den Messeständen versorgt werden. Auf den Einsatz von ungenügend ausgebildetem und unerfahrenem Promotion-Personal, das heute Katzenfutter und morgen Zahnpasta promotet, kann somit verzichtet werden.

Wie können Sie nun von dieser Idee profitieren? Als erster Ansatz sind zunächst ein paar Fragen nötig:

Der, der etwas tun will, findet einen Weg. Der, der etwas nicht tun will, findet eine Ausrede.

1. Bestehende externe Verkostungen Haben Sie schon mal Ihre Umgebung beleuchtet, ob Genuss-Seminare, Verkostungen oder Ähnliches stattfinden? Wer sind diese Referenten? Könnten diese Vortragenden auch für Sie tätig werden, also Ihre Produkte vorstellen und Ihre Unterstützung mit Informationen und Informationsmaterial gebrauchen? Volkshochschulen, Messen und Seminare im Fachhandel sind erste Kontaktpunkte, um Referenten zu finden.

2. Bestehende interne Verkostungen Wer führt in Ihrem Betrieb Verkostungen durch? Sie ausschließlich selbst, oder haben Sie jemanden, der Ihnen ab und zu hilft. Könnten Sie diese Person als Botschafter einsetzen? Oder wer käme aus Ihrem Kreis von Mitarbeitern oder Bekannten dafür infrage? Natürlich ist noch kein perfekter Redner vom Himmel gefallen, aber wenn jemand an einer Tätigkeit Interesse zeigt, sind Rhetorik- und Präsentationskurse nicht weit.

3. Botschafter und Botschaften Besteht in Ihrem Kundenkreis die Möglichkeit, Botschafter zu benennen? Beispiel: Sie haben einen lieben Kunden, der zum Beispiel durch seinen Urlaub in Ihrer Region vor längerer Zeit auf Sie aufmerksam geworden ist und Sie nun jedes Jahr besucht und Ihre Produkte in seine Heimat mitnimmt. Würden sich solche Personen eignen, um als Botschafter Ihrer Produkte fern Ihrer Heimat rekrutiert zu werden? Oder hat dieser Urlauber weitere Kontakte in seiner Heimat, die genutzt werden könnten? Ein Botschafter muss nicht unbedingt als Referent tätig sein. Er kann auch als Vermittler tätig sein.

4. Finden Sie die richtigen Personen In Ihrer Umgebung gibt es mit Sicherheit Leute, die sich mit der Thematik des Genusses beschäftigen oder identifizieren. Fördern Sie diese Personen. Ein Botschafter kann durchaus im kleinen Kreis tätig sein. Vergleichen Sie: Wie viele Leute engagieren sich nach Feierabend mit unglaublicher Energie für Sportvereine oder sonstige Institutionen. Geben Sie den Interessierten an Ihrem Unternehmen und Ihren Produkten eine spannende Aufgabe mit Verantwortung und Sie werden feststellen, dass Sie ein gehöriges Maß an Motivation wecken. Bei entsprechender Eignung können eine Ernennungsurkunde und Visitenkarten mit entsprechendem Titel enorme Wirkung zeigen. Stellen Sie sicher, dass alle, die mit Ihren Produkten zu tun haben, wissen wovon sie sprechen.
5. Facheinzelhandel Die Betreiber des Facheinzelhandels sind ebenfalls dankbare Informationsverbreiter, wenn es darum geht, mit Wissen bei deren eigenen Kunden zu punkten. Nichts ist schlimmer für einen Verkäufer, als über Produkte im Regal nicht Bescheid zu wissen. Stellen Sie sich vor, der Verkäufer im Fachhandel kann die emotionsgeladene Geschichte Ihrer Edelbrände und die wesentlichen Punkte Ihrer Herstellung genau erklären. Welche Produkte würde er wohl lieber anbieten, die ihm bekannten oder unbekannten Produkte? Versuchen Sie auch hier, den Händler als Botschafter zu gewinnen. Auch wenn er keine Verkostungen anbietet, ist er immer noch Verkäufer, der gerne mit Anschauungsmaterial und Verkostungsware unterstützt werden kann.
6. Schulung für Referenten und Verkäufer Bieten Sie Schulungen für Referenten und Verkäufer an. Durchaus besteht so die Möglichkeit, dass sich ein Kreis von Botschaftern formiert. Begeistern Sie diese Multiplikatoren mit Wissen zu Ihren Produkten. Das monetäre Investment ist überschaubar, der Einfluss auf den Markt ungleich höher.

Virales Marketing

Lange Zeit bezeichnete man das Werben für Produkte ganz einfach als „Werbung“. Nach der unaufhörlichen Beeinflussung durch Amerika hat sich der Begriff „Werbung“ in „Marketing“ gewandelt. Und nun gibt es auch noch die „viralen Effekte“ und das „Guerilla-Marketing“.

In den USA hatte man sich schon seit den 1920er-Jahren mit Zielen und den damit verbundenen Aufgaben des Marketings beschäftigt. In Deutschland kam dies erst ab dem Jahr 1945 zum Tragen. Zu dieser Zeit war der Markt überwiegend davon gekennzeichnet, dass die Nachfrage größer war, als das Angebot. Eine Marktorientierung, gezielte Werbemaßnahmen oder das Herausarbeiten eines Alleinstellungsmerkmals waren zu dieser Zeit nicht nötig. Die Situation wandelte sich ab den 1960er-Jahren in den sogenannten „Käufermarkt“. Dieser bezeichnet eine Situation, in der das Angebot an Gütern die Nachfrage übersteigt und der Konsument auf dem Markt aus einer Vielzahl von Angeboten wählen kann.

Mittlerweile befinden wir uns in einer Zeit, in der uns täglich bewusst und unbewusst etwa 3000 Werbebotschaften verschiedenster Kategorien und Arten treffen und wir mehr als übersättigt sind mit Angeboten. Zu viel und zu ähnlich! Der Konsument ist überfordert. Für den Verbraucher, so meint man, sei es ein Paradies, aus vielen Produkten wählen zu können. Wenn man sich dies allerdings genauer ansieht, wird es eher verwirrend und unübersichtlich. Egal wo, wir haben zu viele ähnliche Produkte, mit ähnlichen Preisen, in ähnlicher Qualität und ähnlicher Verpackung zu ähnlichen Konsumzwecken mit einer ähnlichen Vermarktung. Warum soll der

Konsument ausgerechnet Ihr Produkt kaufen, wenn alles mehr oder weniger ähnlich zu vielen anderen gleichartigen Produkten erscheint?

Fantasie ist wichtiger als Wissen. Wissen ist begrenzt, Fantasie aber umfasst die ganze Welt.

Bei der enormen Anzahl an Werbeeindrücken, die auf einen Konsumenten einströmen, fällt es nicht leicht, sich als Brenner mit seinem Sortiment zu behaupten. Als Kleinunternehmer haben Sie aber auch Vorteile, denn Sie haben keine langen innerbetrieblichen Entscheidungswege vor sich. Sie haben keine langen Abstimmungsprozesse oder tagelangen Meetings über das Pro und Kontra einer Aktion zu überstehen. Sie als Unternehmer können Ideen problemlos diskutieren, abstimmen, verabschieden und sofort in Aktionen umsetzen.

Das Marketing hat sich in den letzten Jahren so sehr gewandelt, dass einige Fachbücher aus vergangener Zeit durchaus eine Erneuerung vertragen könnten.

Viele Unternehmen gehen beim Thema Marketing den goldenen Mittelweg und wundern sich, wenn er verstopft ist.

Wenn Ihnen der Anzeigenverkäufer der lokalen Presse ein Angebot unterbreitet, dann prüfen Sie kritisch, ob für Sie wirklich ein Inserat in der Eintagsfliege „Tagespresse“ von Vorteil ist. Stimmt für Sie das Verhältnis der Kosten für ein Inserat in der Tagespresse im Vergleich zum Rücklauf und zum resultierenden Verkauf aus dieser Anzeige?

Als derzeit meistgenutzte Informationsquellen der Konsumenten gelten heute in folgender Reihenfolge:

1. soziale Netzwerke,
2. Online-Portale,
3. Flyer und Plakate,
4. Online-Portale bestimmter Unternehmen,
5. Newsletter, Zeitung und Stadtmagazine.

Die Verbreitung einer Botschaft, das Haben-Wollen eines Produktes, Musik, Kleider- oder Konsum-Trends können sich wie ein Virus innerhalb eines Gebietes, eines Landes oder über die ganze Welt verbreiten. Die regionale Tagespresse hat hierauf leider keinen Einfluss. Sie kann allenfalls darüber berichten, wenn der Trend angekommen und vielleicht bereits wieder am Abflachen ist.

Der virale Effekt

Wie kommt es aber, dass sich manche, mitunter alberne Ideen durchsetzen und zu Trends werden, während andere, vielleicht ebenfalls geniale Produkte, nur einen sehr kurzen Lebenszyklus haben? Soziologen nennen das den viralen Effekt, der sich wie eine ansteckende Idee in der Bevölkerung ausbreitet. Der Ablauf des viralen Effektes teilt sich in folgende Phasen:

1. Die schleppende Diffusion So bezeichnet man den Zeitraum, bis sich eine bestimmte Information ausbreitet. Es können sogar Jahre vergehen, bis sich eine gewünschte Information oder bestimmte Produkte als Verkaufstrend entwickeln, wenn es denn überhaupt zur Verbreitung kommt. Sind die Werbemaßnahmen in sozialen Netzwerken oder Promotions (z. B. in der Gastronomie) und folgende Dokumentationen der Werbemaßnahmen (z. B. die Making Of's) fein aufeinander abgestimmt, so werden diese die im Vorfeld festgelegte Zielgruppe sensibel treffen und die ersten und somit schnellen „Early Adopters" zum weiteren Verbreiten anregen.

Marketing-Aktivitäten ohne die sozialen Netzwerke sind kaum noch vorstellbar.

2. Die Early Adopters Der Personenkreis, der eine Innovation erkennt, sie toll, cool und als Must-Have bezeichnet, wird als „Early Adopter" bezeichnet. Leute also, die eine Sache als Erste entdecken, verwenden und verbreiten. Dieser Personenkreis ist immer auf der Suche nach einem Noch-nicht-Trend und möchte diesen aufspüren, als solchen erkennen und als Innovation weitertragen. Im Zeitalter der sozialen Medien dauern bestimmte Trend-Momente zu Produkten nur noch wenige Tage.

3. Die skeptische Masse Natürlich hat ein Trend oft einen Gegentrend. Es bildet sich eine skeptische Masse, die vorgibt, diesen Trend nicht mitmachen zu wollen,

Der Dominoeffekt.

später allerdings dennoch folgt und vielleicht sogar den Dominoeffekt auslöst, da die skeptische Masse eine durchaus große Personenzahl ausmacht.

4. Die Nachzügler Wenn ein Trend schon fast vorbei ist, definitiv seinen Höhepunkt überschritten hat, dann kommen die Nachzügler ins Spiel. Sie greifen den Rest ab und schmücken sich mit alten Trends, als wären sie von Anfang an dabei gewesen. Das virale Gesetz, gewissermaßen einer Epidemie gleich, wirkt überall – im Positiven, wie im Negativen. Übersetzt in eine Grafik beschreibt diese Entwicklung eine epidemische Kurve. Sie steigt zunächst langsam an und erreicht dann den kritischen Punkt jeder Marken-Neueinführung, an dem viele Produkte scheitern. Wenn dieser überwunden wird, folgt meist der sogenannte „Tipping Point". Das ist der Anstoß eines einzelnen Dominosteins, der nun unaufhörlich viele weitere mitreißt und sich (vielleicht) millionenfach weiterträgt. Gelingt es also den „Early Adopters" die Innovation über den Graben in die skeptische Masse zu tragen, was ohnehin immer unabsichtlich geschieht, so erreicht der „Epidemiezyklus“ den „Tipping Point“ und setzt den Dominoeffekt in Gang, den man nicht mehr aufzuhalten vermag. Sie kennen mit Sicherheit allgegenwärtige Produkte aus der Getränke- und Spirituosenindustrie, die auf jeder Party, auf jedem Konzert und jeder Szene-Einrichtung angeboten werden.

Guerilla-Marketing

Interessant ist ebenfalls, dass die „Early Adopters“ sich von einem Produkt abwenden, sobald es die skeptische Masse an Verwendern erreicht hat und viele dieses Produkt haben. Wie aber kann dieser Dominoeffekt erzeugt oder besser: provoziert werden? Als Antwort kommt hier ein neues Schlagwort ins Spiel: das Guerilla-Marketing.

Marketing heißt nicht nur ins Auge fallen, sondern auch im Gedächtnis bleiben.

Guerilla-Marketing kommt dann zum Einsatz, wenn der Kunde nicht mehr bereit ist, sich von konventionellen Marketing-Maßnahmen wie Plakaten, TV oder Inseraten ansprechen zu lassen oder sich sogar von ihnen belästigt fühlt.

Viele meinen, Guerilla-Marketing hat mit Kampfhandlungen zu tun. Ganz und gar nicht!

- Guerilla-Marketing ist eine strategische und gleichzeitig taktische Form der Werbung. Sie muss nicht Hunderte Male angewendet werden. Es reichen wenige Einsätze. Wichtig ist, dass die Aktion per Foto oder Video gut dokumentiert ist. Der Rest wird durch das Online-Stellen vom Internet erledigt.
- Guerilla-Marketing ist kein Krieg, um den Mitbewerber zu vernichten. Im Focus der Aktionen steht allein der Kunde.
- Guerilla-Marketing heißt auch, dass die Art der Werbung anders sein muss – nicht klassisch, nicht in Zeitungen, nicht als Plakat und nicht als unbedeutender Aufkleber.

- Guerilla-Marketing soll die Menschen unerwartet treffen: originell, frech, witzig, aufmerksamkeitsstark, verständlich und überraschend. Aufgrund der erheblichen Reichweite mittels Internet ist Guerilla-Marketing sehr wirkungsvoll und kostengünstig.
- Guerilla-Marketing ist die Kunst, den von Werbung übersättigten Konsumenten größtmögliche Aufmerksamkeit durch unkonventionelles bzw. originelles Marketing zu entlocken.

Ein virales Bekanntwerden von Menschen, Unternehmen oder Produkten ist oftmals zurückzuführen auf ungewöhnliche Aktivitäten, verbreitet als Bilder oder Videos in sozialen Netzwerken. Wenn man allerdings nur eine Flasche Edelobstbrand zeigt, wird vermutlich nicht viel passieren. Menschen in einer informationsüberfluteten Zeit sind auf der Suche nach neuen, außergewöhnlichen Attraktionen. Besonders lustig, absolut unerwartet oder hoch emotional müssen die Aktionen sein, die im Kopf haften bleiben und weitergeleitet werden sollen. Und die Botschaften müssen einfach, schnell und leicht verständlich sein.

Wenn Sie den Leuten nicht von Ihrem Erfolg erzählen, werden sie vermutlich nie davon erfahren.

Wie nutzt man Guerilla-Marketing und die Social Networks als Brenner? Nochmal: Guerilla-Marketing hat nichts mit Kämpfen und planungslosem Aktionismus zu tun. Die Guerilla-Aktion muss zu Ihren Produkten und zu Ihrem Konzept passen. Es soll nicht verletzen und darf keine Straftat sein oder darstellen. Das Thema Guerilla-Marketing ist so unerschöpflich, dass nur empfohlen werden kann, auf Videoportalen wie z. B. YouTube unter „Guerilla-Marketing“ zu suchen. Hier finden Sie viele Beispiele, und bestimmt werden Sie danach einige Ideen entwickeln, die zu Ihrem Unternehmen passen.

Guerilla-Marketing soll ein Ziel haben – positive Aufmerksamkeit erregen, neugierig machen und zum Kauf anregen.

Messen

Bei den großen Messen werden Sie zwischen den internationalen Importeuren sicher nicht auffallen. Wenn Sie nur einer unter vielen sind, haben Sie keine Chance, beachtet zu werden. Suchen Sie also nach Alternativen wie beispielsweise eine Hausmesse.

Eine Messe (auch: Verbrauchermesse, Publikumsmesse oder Besuchermesse) ist eine Veranstaltung, die sich öffentlich an Verbraucher als Publikum richtet. Zu unterscheiden ist sie von einer Fachmesse, bei der akkreditierte Fachbesucher einen Anteil von mehr als 50 % ausmachen. Teils lassen Fachmessen auch keinen Publikumsverkehr zu. Auch die meisten Verbrauchermessen kennen den Besuch von Fachbesuchern, jedoch liegt der Schwerpunkt auf dem Besuch von Verbrauchern.

Die meisten Verbrauchermessen bieten nur Waren einer bestimmten Kategorie an, wie zum Beispiel Whisky, Wein, Feinkost, Unterhaltungselektronik, Autos etc. Charakteristisch ist dabei das Vorhandensein sowohl von Herstellern als auch von Einzelhandelsunternehmen. Während die Hersteller dort in der Regel zur Pflege des Markenimages teilnehmen und Neuheiten präsentieren, steht für die Einzelhändler meist der direkte Umsatz im Vordergrund.

Werbung ist die Kunst, auf den Kopf zu zielen und die Brieftasche zu treffen.

Bei nahezu allen Messen, wie auch im Bereich Spirituosen, wird für den Besuch oft ein nicht unerhebliches Eintrittsgeld erhoben.

Der Messeauftritt – Brennerei gegen Industrie

Egal welche Spirituosen-, Whisky- oder Rum-Messe Sie besuchen, die internationalen Importeure haben meist einen Messeauftritt vom Allerfeinsten: Stände in einer sehr ordentlichen Größe mit schönen Theken, Displays, Sofas, Sitzgelegenheiten, Vitrinen, Musik, Beleuchtung und Lichteffekten, Verpflegung und einer großen Mannschaft an Standpersonal sowie hübschen Promoterinnen, um nur das Wichtigste zu nennen. Geblendet von diesem imposanten Markenauftritt zieht es die Besucher hin, wie die Fliegen zum Licht. Sie werden überhäuft mit Produktinformationen, Kostproben, Katalogen und Give-Aways in der Hoffnung und der festen Annahme, dass man die anwesenden Mitbewerber so richtig im Schatten stehen lässt.

Unzufriedenheit und Ratlosigkeit sind die besten Voraussetzungen für neue Wege und Aktivitäten.

Der Kostenaufwand ist kein geringer. Eine beauftragte Agentur samt Transportgesellschaft, Dekorateuren und Elektrikern baut den Stand komplett auf, welcher zuvor in unzähligen Marketing-Meetings beratschlagt, diskutiert, entworfen und verabschiedet wurde. Für den Gesamtaufwand von Messestand, Promotion-Ware, Auf- und Abbau sowie Personal- und Übernachtungskosten kann sich ein Normalbürger ein schönes Eigenheim leisten. Die Kosten für eine 2- bis 3-Tages-Messe können dabei leicht die 250 000 Euro-Marke überschreiten.

Gerne rechnet man den Kontaktpreis (CPC, Cost Per Contact) dagegen. Bei 20 000 Messebesuchern liegt der Kontaktpreis pro Person bei 12,50 Euro. Schön gerechnet, wenn denn nun jeder der Besucher auch am Stand glücklich gemacht werden könnte, aber viele Besucher gehen einfach dran vorbei, weil deren Interesse ein ganz anderes ist.

Zwei Standflächen entfernt von einem sogenannten Big-Player findet man einen lokalen Kleinbrenner auf einer Fläche von 12 m^2. Er hat einen Tapeziertisch mit großer, bunter Tischdecke als Theke und im Rückbereich vier einfache Baumarkt-Holzregale, in denen sich sein gesamtes Spirituosensortiment wiederfindet, beleuchtet mit günstigen Strahlern, unverkennbar: ebenfalls vom Baumarkt. Um Personalkosten zu sparen, ist seine Frau, deren Schwester und eine Cousine mit am Stand. Spätestens jetzt sollten Sie Überlegungen der Sinnhaftigkeit einer Teilnahme an gewissen Messen anstellen.

Einer unter vielen

Als Zwerg muss man das tun, was die Riesen nicht können.

Stellen wir uns vor, Sie entscheiden sich, eine Spirituosenmesse als Aussteller zu besuchen. Selbst wenn Ihnen der Messeveranstalter erzählt, dass 20 000 Personen die Messe besuchen, wie viele tatsächliche Kontakte und später folgende Verkäufe oder Kunden können Sie tatsächlich gewinnen? Bei dieser Messe haben Sie vielleicht mehr als 100 weitere Aussteller, die allesamt Hochprozentiges anbieten. Wie viele Messebesucher glauben Sie, werden sich an Sie, Ihre Brennerei und Ihre Produkte unmittelbar nach Verlassen der Messe erinnern? Ich verspreche Ihnen, es sind keine 5 %! Sie glauben dies nicht? Machen Sie einen Test, wenn Sie als Aussteller aktiv sind: Gehen Sie 3 bis 4 Stunden vor Messeschluss an den Ausgang und befragen Sie die Besucher, die die Messe verlassen, welche Stände oder Produkte sie besonders beeindruckt haben. Sie werden ein erschreckendes Erlebnis haben und nie wieder einer unter vielen Gleichen sein wollen!

Einer unter vielen gleichen Ausstellern hat also wenig Chancen, beachtet zu werden. Es werden nur die wirklich großen Marken mit einem massiven Auftritt wahrgenommen.

Wo aber können Sie punkten? Es ist so einfach wie genial: Vergessen Sie den Spruch „Primus Inter Pares“. Bei dem Ungleichverhältnis von Werbeinvestments wird es niemals nur Gleiche geben. Gehen Sie auf alternative Schauplätze, bei denen Sie ein absolutes Alleinstellungsmerkmal haben. Warum muss es immer eine Spirituosenmesse sein? Gehen Sie zum Beispiel auf eine Schraubenmesse! Nachdem der Messebesucher einhundert Schrauben- und Dübelstände gesehen hat, wird er sich spätestens gegen 16.00 Uhr bei Ihnen einfinden und sich an einer willkommenen Alternative gütlich tun. Ob nun Schrauben, Staubsauger, Tapeten oder sonstiges ist völlig egal, wichtig ist Ihre Alleinstellung.

Fremde Hausmessen

Das Gleiche gilt für Hausmessen. Ob nun der lokale Eisenwaren-Händler, das Möbelgeschäft, der Optiker oder ein sonstiges Unternehmen eine Hausmesse veranstaltet oder dies als Tag der offenen Tür bezeichnet, ist völlig egal. Wichtig ist immer, dass Sie der einzige sind, der Genusswaren als Bereicherung vorstellt.

Ihre eigene Hausmesse

Bei ihrer eigenen Hausmesse sollten ebenfalls abwechslungsreiche Attraktionen vorhanden sein. Stellen Sie sich die Frage, warum soll ein Kunde kommen? Wenn Sie nur Ihre vielleicht über 30 Produkte zur Verkostung ausstellen, werden sich vermutlich eher wenige Personen davon angesprochen fühlen. Wenn Sie ein Hoffest daraus machen, mit mehreren fremden Ausstellern, die ebenfalls auch eigene Kunden einladen, ist die Wahrscheinlichkeit deutlich höher, diese Veranstaltung zum Erfolg zu führen. Allerdings nicht gleich im ersten Jahr – die Konsumenten brauchen Zeit. Erst nach und nach spricht sich dieses Event herum und nach 2 bis 3 Jahren haben Sie eine dieser Veranstaltung, von der man sagt, es sei Tradition, an einem bestimmten Wochenende dort sein zu müssen.

Die Vorbereitung einer Messe

Beachten Sie ein paar wichtige Punkte bei der Organisation einer Messe.

Was immer du tun kannst oder wovon du träumst – fange es an! In der Kühnheit liegt Genie, Macht und Magie.

1. Kundeninformation vor der Messe

- Konzept für Messeeinladungen
  - Erstellung von Einladungen
  - Adressen-Pool erstellen
  - Verteilung durch wen? (Außendienst, eigene Mitarbeiter etc.)
  - Versand als Einladungsbrief per Post
  - Versand per Email
  - Hinweis im Internet (eigene Website, Facebook...)
- Konzept der Anzeigen (Zeitungen, Magazine etc.)
  - Erstellen einer Image-Anzeige mit Messehinweis bei entsprechendem zeitlichen Vorlauf
  - Produktanzeigen mit Messehinweis
- Sonstige PR-Maßnahmen
  - Wann wird wo darauf aufmerksam gemacht?
  - Presseinformationen erstellen
  - Presse vorab einladen

2. Messestand

- Anforderungen
  - Größe in Quadratmeter
  - Welcher Standort?
  - Wer empfängt die Besucher?
  - Sitzgruppe oder Besprechungsmöglichkeiten
  - Schauvitrinen für exklusive Produkte
  - Theke oder Bar (Rückbar-Bereich)
- Standgestaltung
  - Schlüsselaussage der Unternehmensdarstellung
  - Beschriftung
  - Großfotos, Banner, Fahnen
  - Farbgestaltung
  - Dekorationen (Fässer, Apparate etc.)

- Technische Einrichtung
  - Stromanschlüsse
  - Kühlschrank/Eiswürfel
  - Erfrischungsgetränke
  - Gläser (Art, Anzahl)
  - Spülmöglichkeit
  - Garderobe (für Mitarbeiter und Besucher)
  - Prospektständer
  - Abstellraum
  - Verpflegung der Mitarbeiter (Gebäck, Brot, Snacks)
- Produktpräsentation
  - Licht(-Effekte)
  - Videopräsentation
  - Ansichtsmodelle
  - Promotion-Aktion (Gewinnspiel)
  - Musik (Anlage, Tonträger)

3. Informationsmittel

- Prospekte
- Kataloge
- PR-Artikel
- Messekataloge
- Give-Aways (Werbegeschenke)
- Tragetaschen für Infomaterial

4. Presse

- Pressekontakte
- Presseeinladung
- Pressefach
- Pressekonferenz
- Interviewtermine
- Pressemappen

5. Kundenbetreuung

- Erfrischungen (Getränke und Snacks)
- Hostessen

6. Personalorganisation

- Personalplan (wer ist an welchem Tag der Verantwortliche am Stand und empfängt Gäste/Besucher?)
- Hilfskräfte beim Standauf- und -abbau
- Zeitplan für Standpersonal
- Zeitplan für Vorträge
- Wettbewerbsbeobachtung

7. Personalausstattung

- Bekleidung, Namensschilder, Visitenkarten
- Gesprächsprotokolle
- Auftragsformulare

8. Allgemeine Organisation

- Zeiten für Standauf- und -abbau
- Geräte Anlieferung (wer und wann)
- Hotelbuchung, Reiseplanung
- Ausstellerausweise
- Parkplätze
- Kundenveranstaltung während der Messe
- Mitarbeiterveranstaltung nach der Messe

9. Auswertung

- Kontakte (Anzahl und Qualität)
- Aufträge
- Anfragen
- Folgetermine

10. Nachbearbeitung

- Erfassen der gesammelten Visitenkarten, Kontaktdaten und Protokolle
- Zusendung von Informationen
- Auswertung der Gesprächsbögen
- Auswertung der Aktionen am Stand
- Kundenbesuche
- Anschließende Aktionen

Kooperationen

Eine Kooperation mit Firmen und Organisationen kann für beide Seiten belebend und lukrativ sein. Allerdings sollten Sie immer ein Auge darauf haben, ob sich die Sache für Sie auch wirklich lohnt. Denn „Sponsoring" muss immer eine „Win-Win-Situation" sein.

Der Logo-Friedhof

Wie oft kommt es vor, dass fremde, vielleicht auch bekannte Personen bei Ihnen im Hofladen vorbeikommen und Plakate von Veranstaltungen aufhängen wollen bzw. in der Vorbereitung einer Veranstaltung Ihr Logo auf einem Plakat gegen Gebühr (Sie sind dann der Sponsor, der mit seinem Logo Werbung macht) abdrucken wollen? Vermutlich sehr oft.

Und, wie viel mehr verkaufen Sie durch die Sichtbarkeit Ihres Logos auf einem Plakat? Lassen Sie mich kurz überlegen: Gleich Null!

Ein Problem zu lösen heißt, sich vom Problem zu lösen.

Ebenso scheint es ein beliebter Sport bei Organisatoren und deren Helfern zu sein, bei Firmen aller Art anzufragen, ob man ein paar Kartons an Gratisware für eine Veranstaltung erhalten könnte. Gerne auch Zuwendungen in Form von Werbegeschenken aller Art und natürlich Geld. Als Gegenleistung wird das Logo des eigenen Unternehmens auf dem sogenannten Logo-Friedhof mit allen anderen Logos der Unternehmen die ebenfalls etwas schenken, aufgedruckt.

Größere und kleinere Unternehmen erhalten mehrmals wöchentlich Anfragen dieser Art. Würde man jedem Wunsch des sagenhaften „Sponsoring" entsprechen, wäre ein Unternehmen bald pleite.

In guten Zeiten haben die Unternehmer den Wunsch zu werben. In schlechten Zeiten müssen sie es tun.

Nur die wenigsten Veranstaltungen haben wirklich einen Sinn als Image-Träger oder Verkaufshilfe für das eigene Unternehmen oder die eigenen Produkte. Wenn ein ernsthaftes Interesse an einer Zusammenarbeit besteht, so muss der Begünstigte auch wirklich etwas dafür tun, um Ware ohne Berechnung oder andere Zuwendungen zu erhalten. Schließlich führen Sie ein gewinnorientiertes Unternehmen und Sie können nicht durch das Verschenken von Ware existieren. Nur der Abdruck Ihres Logos auf einem Veranstaltungsplakat ist bei Weitem keine Rechtfertigung oder Anspruch auf den Erhalt von Gratisware oder Geld.

Natürlich, zwischen links und rechts führt oftmals noch ein schmales Sträßchen. Wenn die örtliche Freiwillige Feuerwehr ein Waldfest plant, will man auch nicht so geizig sein und gibt ein paar Fläschchen gratis. Gut, wenn man sich das leisten kann: gerne. Bedenken Sie, dass Sie in Ihrem Ort nicht nur die Freiwillige Feuerwehr haben, sondern erheblich mehr Vereine, die ebenfalls Zuwendungen ohne Kosten anstrengen wollen. Es liegt also an Ihnen, die bestmögliche Win-Win-Situation herbeizuführen und dafür zu sorgen, dass nicht nur der Veranstalter einen Nutzen hat, sondern in mittelbarer Folge auch Sie: durch eine Art Verpflichtung, wenn es darum geht, die Mitglieder der Vereine zum Beispiel mit einem Jubiläums- oder Weihnachtsgeschenk zu bedienen. Das Präsent dafür soll aus Ihrem Unternehmen stammen.

Wenn Sie einen Marketing-Anteil von 2 Euro pro Flasche veranschlagen und man Ihnen zum Waldfest 300 Euro abknöpfen möchte, wie viele Flaschen soll der Verein dann als Weihnachtsgeschenk für seine Mitglieder im November kaufen...? Akzeptieren Sie in diesem Fall gerne nur die Hälfte als bestellte und verkaufte Ware zu Weihnachten!

Kooperationsvorlage

Veranstaltungsfragebogen

Nehmen Sie aus folgenden Fragen diejenigen, die für Sie relevant sind, und fügen Sie diese zu einem Fragebogen zusammen. Wenn sich ein Veranstalter die Zeit nimmt, diese Fragen zu beantworten, ist auch gewährleistet, dass ein ernsthaftes Interesse der Zusammenarbeit besteht. Ein schnelles Anfragen und Abgreifen von Gratis- oder Sponsoring-Ware, sonstigen Zuwendungen und Geld, um Ihr Logo auf Veranstaltungsplakaten zu haben, entfällt somit. Jede Leistung Ihrerseits sollte mit einem Gewinn für Ihr Unternehmen einhergehen.

Präambel

Die Brennerei xy ist an einer konstruktiven und dauerhaft guten Zusammenarbeit mit ihrem Partner interessiert, wobei Kooperation, beidseitige Verlässlichkeit, Integrität und die Begeisterung für die Marken im Vordergrund stehen. Die Basis dieser Vereinbarung sieht den Partner als Botschafter der Philosophie des Hauses Brennerei xy. Die Vereinbarung lebt durch das Engagement, die durchweg positive Pflege der Marken und durch die kompetente und aufmerksame Betreuung von Seiten des Werbepartners.

Alle nachfolgend aufgeführten Punkte sind ein fester Bestandteil einer zukünftigen Vereinbarung und somit für beide Vertragspartner bindend. Die Grundvereinbarung kann bei Bedarf durch eine Anlage ergänzt werden, die von beiden Parteien unterzeichnet sein muss.

1. Laufzeiten

Eine Kooperationsvereinbarung wird vor und nach jeder Veranstaltung einer gemeinsamen Prüfung unterzogen. Im Rahmen dieser Überprüfung können einzelne Bestandteile der Vereinbarung an veränderte Anforderungen angepasst werden. Sortimentsveränderungen und Ergänzungen seitens der Brennerei xy werden vorrangig berücksichtigt und eingebunden. Sollte der Partner die Veranstaltung während der Laufzeit der Vereinbarung an Dritte veräußern oder schließen, ist die Vereinbarung erneut zu verhandeln. Nicht eingehaltene Absprachen oder Ausfälle können von der Brennerei xy zu Lasten des Partners in Rechnung gestellt werden. Im Falle eines Rechtsstreits ist der Gerichtsstand der Ort xy.

2. Angaben zur Veranstaltung

Datum, Location, erwartete Besucherzahl, Art der Veranstaltung, Musikrichtung bzw. DJ oder Interpret, Ansprechpartner inkl. Email und Mobil-Nummer, Produktauswahl für die Veranstaltung, Bezug der Produkte über: Selbstabholung, Lieferant, Fachgroßhandel etc., Anzahl und Art der Freiware bei Abnahme/Kauf einer Menge von xy, Präsentation der Marken erfolgt wie, Exklusivität ja/nein, Homepage der Veranstaltung.

3. Örtlichkeiten, Lageplan

Beschreiben Sie hier die Location und die Lage sowie Zugangsdaten und Verfügbarkeit:

- Wo findet die Veranstaltung statt? Lage, Gebäude, Ort, Straße, Stadtteil?
- Wie ist die Erreichbarkeit der Location? Welche Verkehrsanbindungen sind vorhanden?
- Werden Parkplätze zur Verfügung gestellt? Wie viele?
- Wie groß ist die Location? Quadratmeterangabe, Grundrissplan und Fotos beifügen.
- Sind Sie (der Kooperationspartner) Betreiber einer Bar/eines Clubs? Welche und wo? Adresse bitte angeben.
- Welche Veranstaltungen sind in diesen Örtlichkeiten aus der Vergangenheit bekannt?

4. Präsentation, Sichtbarkeit und Platzierung

Für eine Kooperationsvereinbarung müssen folgende Maßnahmen zur Steigerung der Sichtbarkeit der Marke der Brennerei xy vorhanden sein und vereinbart werden:

- Wie könnte die Zusammenarbeit aussehen? Bitte ausformulieren.
- Welche Präsentation der Brennerei xy stellen Sie sich im Detail vor (vor Ort, soziale Medien etc.)?
- Welche Möglichkeit der Produktpräsentation ist vor Ort vorhanden?
- Welche Referenzen können Sie vorweisen? Konzept(e) bitte beifügen.
- Wie viele weitere Veranstaltungen sind geplant und wo? Welche Partner sind hier eingebunden?
- Welche Strukturen der Bars vor Ort sind gegeben? Werden eigene Bars eingesetzt? Wenn ja, wie viele?
- Welche Mitbewerber sind vor Ort? Wie präsentieren sich die Mitbewerber?
- Was wird präsentiert? Rahmenprogramm bitte angeben.
- Sind Promotions vor Ort: Hostessen, Werbetools, Welcomedrink, Tabak etc.?
- Wie wird das Personal eingekleidet?
- Muss das Personal vorab auf die Produkte der Brennerei xy geschult werden?

5. Werbung

Beschreiben Sie alle Werbemaßnahmen zur Veranstaltung:

- Wie wird die Veranstaltung kommuniziert?
- Welche Werbung wird gemacht und wo? Plakate, Flyer, Trailer?
- Wer wird mit der Gestaltung beauftragt? Firma und Ansprechpartner?
- Wie viel Werbung wird durchgeführt? Auflage der Flyer/Plakate etc.? Welches Verbreitungsgebiet?

- Welche Zielgruppe wird beworben?
- Werden persönliche Einladungen vorab verschickt? An wen? Kommunikation in Lokalen? Welche Gastronomen? Prominenz?
- Wann wird die Werbung geschaltet? Wird auf einer Homepage geworben? Werden andere Werbeplattformen genutzt? Wenn ja, welche?
- Sind Fotografen während der Veranstaltung im Einsatz? Wenn ja, welche?
- Werden Beamer, Flats oder Banner vor Ort eingesetzt? Wenn ja, wie viele? Können diese durch die Brennerei xy mit Clips besetzt werden?
- Werden Getränkekarten gedruckt?
- Welche Getränke werden angeboten und wie kommuniziert? Getränkekarten und/oder Kommunikationstools bitte vorab als Bilddatei schicken.

6. Sonstiges

- Welche zusätzlichen Aktivitäten stehen zur Verfügung, um einen möglichst hohen Effekt der Sichtbarkeit für den Brenner zu erzielen?
- Wie viele Eintrittskarten stehen dem Kooperationspartner zur Verfügung?
- Ist die Freigabe zu einer Verlosung der Eintrittskarten gegeben?
- Kann die Brennerei xy die Eintrittskarten für Werbezwecke verwenden? (Logo- oder Gutscheinaufdruck)
- Im Falle die Veranstaltung abgesagt wird, werden Zuwendungen aller Art vom Veranstalter zurückerstattet.

7. Responsibility

Dem Veranstalter ist bekannt, dass die Brennerei xy hohen Wert auf eine verantwortungsbewusste Bewerbung und Vermarktung seiner Produkte legt. Insbesondere sollen minderjährige Verbraucher unter keinen

Umständen von werblichen Aktivitäten angesprochen werden oder in sonstiger Form die Gelegenheit erhalten, Produkte der Brennerei xy zu konsumieren. Der Veranstalter verpflichtet sich daher, im Rahmen dieses Vertrages den besonderen Schutz von Minderjährigen und die Gefahren von missbräuchlichem Alkoholkonsum im Rahmen der Präsentation und des Ausschanks der Produkte von Brennerei xy zu berücksichtigen.

8. Vertraulichkeit
Die Parteien verpflichten sich, gegenüber Dritten über den Inhalt dieses Vertrages und allen damit in Zusammenhang stehenden Informationen Stillschweigen zu bewahren. Dies gilt auch für die Zeit nach Beendigung des Vertrages und insbesondere hinsichtlich der Höhe der vereinbarten Werbekostenbeträge und Warenzuwendungen.

STRATEGY

Marketing-Glossar

In der Entstehungsphase einer Marketing-Strategie kommen oftmals in Zusammenarbeit mit Werbeagenturen Begriffe vor, deren Erklärungsbedürftigkeit durchaus gegeben ist. Hier finden Sie die häufigsten Begriffe kurz erläutert.

Die folgende Auflistung soll nicht nur ein Nachschlage-Lexikon sein, sondern Sie zu neuen Ideen verleiten. Überfliegen Sie die Begriffe und entscheiden Sie selbst, welche Maßnahmen für Sie relevant, erstrebenswert und durchführbar sind.

Wenn man etwas gut kann, ist es Zeit, etwas Neues zu lernen.

AIDA-Formel
Das Stufenmodell zur Werbewirksamkeit enthält vier Phasen, welche der Kunde durchlaufen soll und die letztlich zu dessen Kaufentscheidung führen soll.

A	Attention	Ziel: Aufmerksamkeit wecken Die Aufmerksamkeit des Umworbenen wird geweckt durch auffällige Farben, Musik, Plakate etc.
I	Interest	Ziel: Interesse wecken Der Kunde interessiert sich nun für das Produkt. Sein Interesse wird erregt mittels Slogans, Musik, Farben.
D	Desire	Ziel: Wünsche erzeugen Der Wunsch, das Produkt zu besitzen, wird geweckt. Der Kaufwunsch wird ausgelöst.
A	Action	Ziel: Kauf auslösen Der Kunde kauft das Produkt.

Above The Line
Die klassische Werbung in TV und Hörfunk, Zeitungen und Zeitschriften, im Kino und mit Plakatanschlag.

Below The Line
Verkaufsförderungsmaßnahmen wie z. B. Promotions, Handzettel und weitere diverse Maßnahmen zur Förderung des Verkaufs.

Added Value
Zusatznutzen eines Produktes (Gutscheine, Gutschein-Codes, Gewinnspiele).

Advertising Awareness
Maß für die Bekanntheit konkreter Werbekampagnen. Die Werbe-Awareness kann in eine allgemeine und medienspezifische Bekanntheit unterschieden werden. Sie dient als Indikator für die Stärke und Intensität des Werbedrucks, welcher wiederum die Werbewirkung beeinflusst.

Advertising Spendings
Werbeausgaben eines Unternehmens. Die Ausgaben lassen sich auf die verschiedenen Medien bzw. Werbeträger aufteilen.

Banner
Online-Anzeige im Internet. Ein grafisch gestalteter, animierter oder statischer Balken. Durch Anklicken verbindet ein Hyperlink den Besucher auf das jeweilige Online-Angebot. Banner sind die am weitesten verbreitete Art der Online-Werbung.

Bekanntheitsgrad, gestützt
Die gestützte oder aktive Bekanntheit drückt die spontane Nennung aus, auf die Frage „Welche Marken des

Produktbereiches X kennen Sie?". Der gestützte Bekanntheitsgrad spiegelt den Teil der Personen wider, die bei Vorlage einer Marke angeben, diese zu kennen.

Bekanntheitsgrad, ungestützt
Der Anteil derjenigen Personen, die ohne weitere Hilfe, d. h. ungestützt eine Marke zu einem bestimmten Produktbereich nennen können.

Brainstorming
Alex F. Osborn entwickelte diese Methode zur Ideenfindung im Jahr 1939. Er benannte sie nach der Idee dieser Methode, nämlich *using the brain to storm a problem* (wörtlich: „Das Gehirn verwenden zum Sturm auf ein Problem"). Während des Brainstormings geben die Teilnehmer eines Meetings spontan ihre Ideen zur Lösung eines konkreten Problems ab. Dadurch, dass der Gedankenaustausch öffentlich und in der Gruppe geschieht, entstehen zahlreiche neue Ideenkombinationen. Es werden also mehr Lösungen und Ergebnisse angeregt, als tatsächlich gebraucht würden. Nach dem Brainstorming werden dann die guten Ideen von den schlechten getrennt und letztere verworfen. Es handelt sich um ein kreatives Meeting von fünf bis sieben Personen, um in weniger als einer Stunde eine Problemlösung zu finden. Während eines Brainstormings ist Kritik an den Beiträgen nicht erlaubt. Lediglich die Ideen der Teilnehmerrunde können reflektiert und erweitert werden.

Brand, Branding
Der englische Begriff *brand* (= Brandzeichen) wird in der Werbebranche verwendet für eine Produkt-Marke. Branding bezeichnet die Entwicklung einer Marke zu einem starken Aushängeschild eines Unternehmens. Das Hauptziel des Brandings ist es, eigene Dienstleistungen und Produkte vom Angebot der Wettbewerber abzugren-

zen und mit konkreten Botschaften und Emotionen zu verbinden.

Brand Awareness
Die Markenbekanntheit. Sie ergibt sich aus dem Anteil der Personen die eine bestimmte Marke kennen. Man unterscheidet zwischen der passiven Markenbekanntheit (Vorlage von Gedächtnisstützen) und der aktiven Bekanntheit (ohne Erinnerungshilfen).

Brand Building
Der Aufbau einer Marke. Für einen erfolgreichen Markenaufbau ist es notwendig, Markenbausteine zu schaffen und diese zu kommunizieren. Markenbausteine sind Codes, die sich einprägen: Logo, Verpackung, Slogan, Farben, Typografie, Tonalität, Bild- und Musikauffassung. Diese Eigenschaften schaffen eine Markenidentität und kommunizieren den Wert der Marke. Beispiele für das starke Brand Building sind Marken wie die lila Milka-Kuh oder auch der angebissene Apfel von Apple. Da man sofort die Marke ohne Namen erkennt, handelt es sich hier um ein sehr erfolgreiches Branding.

Brand Controlling
Die kontinuierliche Überprüfung der vereinbarten Marketing- und Kommunikationsziele (wie z. B. Markenbekanntheit, Werbeerinnerung, Kaufbereitschaft, Markensympathie etc.). Brand Controlling umfasst auch Markenwertberechnungen auf Basis von Brand-Equity-Analysen.

Brand Equity
Das Markenkapital bzw. das Eigenkapital, das eine Marke repräsentiert. Der Begriff entstand zu Anfang der 1980er-Jahre in den USA und wurde dort zur kapitaltheoretischen Bewertung einer Marke verwendet.

Brand Essentials
Die Hauptbestandteile einer Marke. Stetiger Markenaufbau erfordert ein ausgeprägtes Markenverständnis und den Abgleich der Markenwahrnehmung aus allen relevanten Perspektiven. Im Vordergrund stehen dabei die
- Identifizierung der Erfolgsfaktoren,
- die Ermittlung der Differenzierungspotenziale und
- die Festlegung des Markenkerns.

Brand Execution
Die Markenausführung. Hierbei geht es um die Vernetzung aller relevanten Kommunikationsdisziplinen und um die Ausführung der Markenpositionierung und Markenstrategie. Die auch als Markenpolitik bezeichneten Entscheidungen über die kurz-, mittel- und langfristige Markenführung bezwecken in erster Linie die Erzielung von Wettbewerbsvorteilen durch ein möglichst prägnantes Branding.

Brand Identity
Die Markenidentität. Dieser Begriff bezeichnet die Übereinstimmung des Marken-Images mit den Markeneigenschaften. Die Brand Identitiy zielt darauf ab, eine Marke mit bestimmten Assoziationen oder Emotionen zu besetzen, die der Konsument jedes Mal automatisch und unterbewusst im Kopf hat, wenn er in Kontakt mit der Marke kommt. Diese Verknüpfung sollte Hand in Hand gehen mit der Unternehmensstrategie und der Unternehmenskommunikation. Die Markenidentität beeinflusst und unterstützt die gesamte Wahrnehmung des Unternehmens.

Brand Image
Das Marken-Image. Es liefert dem Konsumenten einen Zusatznutzen zum eigentlichen Produktnutzen. Es handelt sich hierbei um das subjektiv und objektiv geprägte

Vorstellungsbild eines Konsumenten von einer Marke. Die Pflege des Marken-Images ist ein wesentlicher Bestandteil der Markenpolitik. Die Frage, unter welchen Bedingungen Konsumenten ein Marken-Image als nutzenstiftende Komponente wahrnehmen, ist jedoch ebenso unklar, wie die Konsequenzen einer solchen Wertschätzung für den Unternehmenserfolg. Ein verbessertes Verständnis (z. B. durch einen Qualitätszirkel) der komplexen Zusammenhänge zwischen Konsument und Marke bietet eine wichtige Grundlage zum Aufbau eines positiven Marken-Images.

Brand Loyality
Die Markenloyalität. Voraussetzung für den wiederholten Kauf eines Produktes ist in der Regel die Zufriedenheit des Kunden mit der Leistung. Kundenzufriedenheit tritt im Allgemeinen dann ein, wenn die erwartete und die erlebte Qualität eines Angebotes oder des Produktes übereinstimmen. Ist der Kunde mit der Leistung zufrieden, gibt es für ihn keinen erkennbaren Anlass, Qualitätsrisiken mit dem Kauf eines anderen Produktes einzugehen. Er verhält sich also durch Wiederholungskäufe loyal zur Marke.

Brand Perception
Die Markenwahrnehmung. Dabei handelt es sich um einen bewussten kognitiven Vorgang durch Wahrnehmung, Denken und Erkennen. Dies umfasst nicht nur die Informationsaufnahme, -verarbeitung, -speicherung und die individuelle Interpretation eines Verbrauchers über eine Marke, sondern auch zahlreiche wahrnehmungsbeeinflussende Umweltfaktoren. Das Brand Perception definiert Markenschwächen und Markenstärken aus Verbrauchersicht und versucht, unter Miteinbeziehung des Konkurrenzumfeldes, Nischenplätze für Marken sichtbar und belegbar zu machen.

Brand Positioning
Die Markenpositionierung. Eine Marke wird durch die Hervorhebung ihrer Unverwechselbarkeit mit Konkurrenzprodukten positioniert. Ziel ist es, die Marke möglichst nahe an die Wunschvorstellung des Verbrauchers zu führen, sie aber gleichzeitig unter den Konkurrenzmarken unverwechselbar hervorzuheben.

Brand Strategy
Markenstrategien können entweder statischer oder dynamischer Natur sein.

Bei **statischen** Markenstrategien gibt es folgende Ausprägungen:

- Die Breite der Markenstrategie. Sie bezieht sich auf die Anzahl der Produkte (z. B. Dachmarke, Familienmarke, Einzelmarke).
- Die Tiefe der Markenstrategie. Diese bezieht sich auf die Anzahl der Marken (z. B. Einmarken- und Mehrmarkenstrategien).
- Die verschiedenen Stufen der Markenhierarchie (z. B. Markenhaus, Submarken, Empfehlungsmarken, Haus der Marke xy).
- Das Markenportfolio, z. B. strategische Marken, Zukunftsmarken, Prestigemarken etc.

Dynamische Markenstrategien sind:

- der Markentransfer,
- die Markenrestrukturierung,
- Neumarken,
- Bereinigung,
- Markenwechsel.

Briefing
Die Informationsgrundlage für die Werbeagentur, um eine Werbestrategie oder Werbekampagne entwickeln

zu können. Es wird durchaus vom Kunden gestellt oder auch gemeinsam mit der Werbeagentur erarbeitet.

Category Management
Das Warengruppenmanagement bezeichnet im Marketing die Strukturierung einer Geschäftsstelle im Einzelhandel nach dem Prinzip von Warengruppen. Die Strukturierung soll basierend aus der Sicht des Konsumenten zusammengehörende Gruppen von Produkten vereinen (z. B. Bier und Kartoffel-Chips).

Consumer Benefit
Nutzenversprechen, das bewusst auf Wünsche und Bedürfnisse der Konsumenten abzielt. Damit hebt sich ein Produkt bzw. eine Dienstleistung aus der Masse gleichartiger Angebote im Wettbewerb durch Positionierung ab. Die Betonung dieses speziellen Kundennutzens wird notwendig, wenn der normale Nutzen eines Produktes mit jenen vieler anderer Konkurrenzprodukte vergleichbar ist. Man unterscheidet zwischen Grundnutzen und Zusatznutzen. Letztere sind z. B. Produktästhetik, Design, Funktionalität, Konsumanlass, Preis etc. Der Consumer Benefit wird um die USP (das einzigartige Nutzenversprechen) erweitert.

Consumer Insight
Wissen über das Verbraucherverhalten, deren Bedürfnisse, Gewohnheiten, Einstellungen, Motive und Erwartungen. Dieses Wissen bietet wichtige Entscheidungshilfen für die Entwicklung und Überarbeitung von Marketing-Konzeptionen und Marketing-Strategien.

Content-Marketing
Content-Marketing (Inhalts-Marketing) ist eine Marketing-Technik, die mit informierenden, beratenden und unterhaltenden Inhalten die Zielgruppe ansprechen

soll. Der Verbraucher wird vom Unternehmen und seinem Leistungsangebot oder seiner Marke überzeugt und so als Kunde gewonnen oder gehalten.

Copy-Strategy
In der Copy-Strategy wird die kurzgefasste Werbestrategie für eine bestimmte Kampagne schriftlich festgelegt. Kern der Copy-Strategy ist die USP (Unique Selling Proposition, das Alleinstellungsmerkmal oder wörtlich „einzigartige Verkaufsversprechen"), die in der Zielgruppe vermittelt werden soll.

Copy-Test
Überbegriff für Testverfahren zur Messung des Mediennutzungsverhaltens (Zeitung, TV-Spots). Diese werden meist zur Prüfung der Werbewirksamkeit eines Werbemittels in einem Pre- oder Post-Test eingesetzt.

Corporate Design
Das Corporate Design ist der sichtbare, grafisch ausgearbeitete Teil der Corporate Identity (CI) und prägt somit das visuelle Erscheinungsbild des Unternehmens. Wesentliche Bestandteile des Corporate Designs sind das Firmenzeichen (Logo), die Typografie (Schrift oder Zeichen) und die Unternehmensfarben.

Corporate Identity
Die Corporate Identity umfasst die gesamte Selbstdarstellung eines Unternehmens nach außen und innen. Sie beruht auf dem Unternehmensverhalten und wird durch die Unternehmenskommunikation und das Unternehmenserscheinungsbild vermittelt. Die Basis der Corporate Identity bildet eine ausgeprägte Unternehmenskultur.

Cost Per Contact
Kontaktpreis. Die Kosten, die pro Kontakt mit einem Empfänger einer Mailing-Aktion (oder einer anderen Direktmarketing-Aktion) entstehen. Sie ergeben sich aus den Gesamtkosten für die Aktivität geteilt durch die Anzahl der Empfänger bzw. der erreichten Personen.

Costs Per Thousand
Tausend-Kontakt-Preis. Wichtige, wenn auch relativ grobe Kennzahl, die die Wirtschaftlichkeit einer Werbemaßnahme angibt. Sie zeigt, wie hoch die Kosten für den Kontakt zu 1000 potenziellen Kunden über das gewählte Medium (z.B. Zeitungsanzeige) sind. Siehe auch Qualitative And Quantitative Costs Per Thousand.

Cross-Promotion
Verkaufsförderungsaktion für Waren bzw. Marken aus unterschiedlichen Warengruppen, z.B. Bier und Kartoffel-Chips.

Cross-Selling
Verkaufs- bzw. Marketing-Instrument, bei dem Informationen über bereits existierende Kunden oder über bekanntes Konsumentenverhalten genutzt wird, um zusätzliche Käufe anderer Produkte zu begünstigen. Erscheinungen des Cross-Selling sind beispielsweise neue Angebote, die mit einer Zahlungsbestätigung verschickt werden, aber auch die besondere Aufteilung eines Supermarktes, in dem Produkte, die häufig zusammen erworben werden, nah aneinander platziert sind.

Durchschnittskontakte
Diese Messgröße drückt aus, wie viel Zielpersonen im Durchschnitt mit einem Medium erreicht werden. Bruttoreichweite geteilt durch Nettoreichweite eines Mediums ergibt die Durchschnittskontakte.

Gross Rating Point (GRP)
Ein aus der englischen Hörfunk- und Zuschauerforschung stammendes Maß der Bruttoreichweite, das auch in Deutschland als Messgröße bei der Bewertung von Werbeplänen verwendet wird. Es handelt sich um die addierte Zahl der Kontakte ohne Berücksichtigung von Überschneidungen, angegeben in Prozentwerten, d. h. Anteile einer Zielgruppe. Er drückt mithin die prozentuale Bruttoreichweite aus.

Impact
Dies bezeichnet den Eindruck, den ein Werbemittel auf den Betrachter ausübt.

Integrierte Kommunikation
Die integrierte Kommunikation zielt darauf ab, dass die unterschiedlichen Kommunikationsmittel, die einem Unternehmen sowohl intern als auch extern zur Verfügung stehen, auch eingesetzt werden. Sie müssen aufeinander abgestimmt sein und zu einer effizienten und konsistenten Gesamtkommunikation führen.

Key Visual
Ein zentrales visuelles Element eines Werbemittels, beispielsweise eine lila Kuh, ein Hirschgeweih, ein markanter Schriftzug, ein prägnantes Logo oder auch ein angebissener Apfel.

Kommunikations-Mix
Die Kommunikation mit dem Kunden basiert auf vier Eckpfeilern:
1. persönlicher Kontakt und Verkauf,
2. Werbung,
3. Verkaufsförderung,
4. Public Relation.

Der Kommunikations-Mix ist der geplante Einsatz dieser Kommunikationsinstrumente. Jedes Produkt oder jede Dienstleistung verlangt eine speziell auf den Markt und das Unternehmen abgestimmte Kommunikationsstrategie. Dabei gibt es:

- kurzfristige Maßnahmen (Kundenwerbung),
- mittelfristige Maßnahmen (Kundenbindung),
- langfristige Maßnahmen (Markenbewusstsein).

Der effiziente Einsatz der Kommunikationsmittel entscheidet über den Erfolg des Unternehmens. Ständiges Controlling und Anpassung an sich ändernde Marktsituationen unter Beachtung der Unternehmensziele sind für den effizienten Einsatz erforderlich.

Kontakthäufigkeit
Anzahl der Kontakte, die eine Person mit einem Werbeträger hat.

Kontaktpreis siehe Cost Per Contact

Layout
Der skizzenhafte Entwurf eines Werbemittels.

Loyalty Rate
Anteil der Käufer, die einer Marke, einem Produkt oder einer Unternehmung langfristig treu bleiben und Wiederholungskäufe tätigen. Die Loyalty Rate ist jedoch zum Teil nur in Form der Wiederkaufrate messbar, die nicht zwingend etwas über die Loyalität des Kunden aussagen muss, sondern auch andere Ursachen (z. B. Mangel an Alternativen) haben kann.

Marke
Warenzeichen als Bild-, Wort- oder Wort-Bild-Verbindung, das für ein Produkt oder ein Unternehmen steht.

Marketing
Summe aller Maßnahmen zur Entwicklung und Vermarktung von Produkten.

Marketing-Strategie
Die Marketing-Strategie ist der langfristige Plan für die Entwicklung eines Marketing-Mix, der es dem Unternehmen erlaubt, seine Ziele durch Befriedigung der Bedürfnisse des Konsumenten bzw. des Zielmarktes zu erreichen. Im Rahmen der Marketing-Strategie sind folgende Entscheidungen zu treffen:

- Zielmarktdefinition,
- produktpolitische Strategie,
- preispolitische Strategie,
- distributionspolitische Strategie,
- kommunikationspolitische Strategie.

Marketing-Mix
Als Marketing-Mix bezeichnet man die Kombination der einzelnen absatzpolitischen Instrumente, also das für einen bestimmten Zeitraum festgelegte Aktivitätsniveau der absatzpolitischen Maßnahmen, wobei die einzelnen Marketing-Maßnahmen optimal zusammengestellt werden sollen. Ziel ist es, die bestmögliche Beziehung des Unternehmens zum Kunden zu erreichen. Das Ergebnis dieser Überlegungen fließt in die Marketing-Strategien des Unternehmens ein. Die Marketing-Instrumente sind die vom Unternehmen steuerbaren Größen, mittels derer ein Markt bearbeitet wird. Zu diesen zählen:

- das **P**rodukt, welches verkauft werden soll,
- die **P**reispolitik,
- die **P**romotion (Kommunikation),
- die **P**latzierung (Distribution).

  ... deshalb auch **die vier „P's"** genannt.

Media Planning
Die Media-Planung befasst sich im Rahmen des Kommunikations-Mix mit der Entscheidung für die dabei einzusetzenden Werbeträger (Medien) und mit der Auswahl der Medien, die den angestrebten Marketing-Zielen am besten gerecht werden. Der Media-Planer nutzt dabei Techniken, deren Bandbreite von seiner Intuition bis hin zu hochformalisierten Media-Selektionsprogrammen und Optimierungsmodellen reicht. Zweck der Media-Planung ist es, einen optimalen Lösungsweg für ein oder mehrere Kommunikationsziele zu finden. Media-Planung ist eingebettet in den Kommunikations-Mix eines Unternehmens. Der Media-Plan ist Teil des Marketing-Plans und steht in Wechselwirkung mit Marketing-Faktoren wie Produkteigenschaften, Distribution, Kommunikation und Preispolitik.

Media-Strategie
Die Beschreibung der Mittel und Wege, mit denen die Media-Ziele eines Unternehmens erreicht werden sollen. Wichtige Variablen in der Media-Strategie sind die verschiedenen Mediengattungen, d. h. es geht um die Frage, welche Medien am besten geeignet sind, eine Werbebotschaft möglichst effizient an die Zielgruppe heranzutragen. Eine zentrale Strategieentscheidung betrifft den zeitlichen Einsatz der Werbung, d. h. die Frage, ob kontinuierlich oder in Werbestößen (pulsing) geworben werden soll. Bei den zu klärenden Detailfragen der Mediastrategie sind auch Fragen wie jene nach der optimalen Anzeigengröße oder der optimalen Spotlänge bzw. nach der anzustrebenden Kontakthäufigkeit zu entscheiden.

Me-Too-Produkte
Dies sind austauschbare Produkte ohne eigenständiges Markenprofil, meistens erheblich günstiger als sogenannte Originale.

New Media
Begriff für alle Medien, die nicht den klassischen Medien wie Zeitungen und Zeitschriften, Hörfunk, Fernsehen zuzuordnen sind; dazu zählen insbesondere die Kabelmedien (btx, Kabelfernsehen), die Funkmedien (Videotext, Satellitenfernsehen) sowie die audiovisuellen Medien (Multimedia) und natürlich das Internet.

Nielsen-Gebiete
Vom Marktforschungs-Unternehmen The Nielsen Company wurde die BRD in verschiedene Gebiete aufgeteilt. Die Aufteilung spiegelt das unterschiedliche Konsumverhalten der Verbraucher in diesen Regionen wider und die gewonnenen Daten dienen dazu, je nach regionalen Gegebenheiten bestimmte Produkte einzuführen oder Werbekampagnen durchzuführen.

Nielsen I	Schleswig-Holstein, Hamburg, Bremen, Niedersachsen
Nielsen II	Nordrhein-Westfalen
Nielsen III a	Hessen, Rheinland-Pfalz, Saarland
Nielsen III b	Baden-Württemberg
Nielsen IV	Bayern
Nielsen V	Berlin
Nielsen VI	Mecklenburg-Vorpommern, Brandenburg, Sachsen-Anhalt
Nielsen VII	Thüringen, Sachsen

Opinion-Leader
Ein Meinungsbildner – meist eine Person mit langjähriger Erfahrung – innerhalb eines bestimmten Bereichs (Gastronomie, Facheinzelhandel). Das kann z. B. ein momentan angesagter Barkeeper sein, der die Bar-Szene mit neuen, kreativen Drinks und Trinkanlässen beglückt.

Opt-In
Zustellung von Werbe- bzw. Informationsmaterial erfolgt nur nach ausdrücklicher Zustimmung des Adressaten. Zum guten Ton gehört, dass Buttons, die zur Zustimmung auffordern, nicht per default (Grundeinstellung) auf „Ja" gesetzt sind und dass der Versender die Eintragung durch nochmalige Mailabfrage vom Adressaten bestätigen lässt. Damit wird verhindert, dass fremde Mailadressen für die Zusendung von Spam missbraucht werden.

Panel
Im Panel werden regelmäßig durch Stichprobenbefragungen Daten erhoben, die bei einem repräsentativen und gleichbleibenden Personenkreis durchgeführt werden. Dies ist gerade bei Marktforschungen von großer Bedeutung, die eine Aussage oder Meinung der Bevölkerung wiedergeben soll.

Panel-Effekt
Der Panel-Effekt bezeichnet die mögliche Verhaltensänderung des an einem Panel teilnehmenden Personenkreises. Durch die regelmäßigen Befragungen setzt bei diesen Verbrauchern zumeist ein Lernprozess ein, was sich durch bewussteres und überlegteres Einkaufen äußert. Diese Verbraucher unterscheiden sich dann vom Durchschnitt der Bevölkerung, was die Ergebnisse einer Erhebung verfälschen kann.

Pitch
Mit dem Begriff Pitch wird die Wettbewerbspräsentation einer (Werbe-)Agentur im Kampf um einen Etat bzw. einen Klienten bezeichnet.

Plagiat
Das widerrechtliche Nachahmen eines Produktes.

Point of Sale bzw. Point of Purchase
Die beiden Begriffe Point of Sale (POS) und Point of Purchase (POP) sind gleichzusetzen. In ihrer wörtlichen Übersetzung bedeuten sie Verkaufs- bzw. Einkaufsstelle aus der Sicht des Konsumenten bzw. Verkaufsstelle aus der Sicht des Anbieters. Da am POS/POP die Konfrontation des Konsumenten mit dem Handelsunternehmen bzw. dessen Gütern stattfindet, ist er wesentlicher Bestandteil des Händlerimages. Die zunehmende Verlagerung der Kaufentscheidung an den POS/POP bewirkt eine Steigerung des Reizkaufverhaltens und rückt damit den POS/POP vermehrt ins Zentrum von Marketing-Bemühungen.

Private Brand, Private Label
(Eigen-)Marke eines Handelsunternehmens. Ein Produkt wird häufig von Kaufhäusern oder Supermärkten gekauft und unter jeweils eigenem Namen in den Handel gebracht.

Public Affairs (PA)
Öffentlichkeitsarbeit mit der spezifischen Ausrichtung auf das ökonomische, soziale und politische Umfeld.

Public Relations (PR)
Öffentlichkeitsarbeit zur Pflege der Beziehungen zwischen einem Unternehmen und der Öffentlichkeit.

Pull-Marketing
Mit gezieltem Werbeeinsatz, beispielsweise für neue Markenartikel, versuchen die Hersteller bei Konsumenten bzw. Produktverwendern einen hohen Bekanntheitsgrad und ein positives Image zu erzeugen. Der Verwender soll dadurch beim Handel solange Nachfragedruck ausüben, bis sich ein Handelsunternehmen gezwungen sieht, die Marke zu führen und deshalb seinerseits dieses

Produkt beim Hersteller nachfragt. Beim Pull-Marketing wird der Hersteller also vorwiegend Konsumenten-gerichtete Marketing-Maßnahmen ergreifen.

Product-Placement
Platzierung eines Produktes im redaktionellen Teil eines Werbeträgers. Oftmals werden in Spielfilmen in kurzen Sequenzen die Logos großer Marken oder das Verwenden der Produkte großer bzw. bekannter Marken gezeigt.

Push-Marketing
Das Hauptaugenmerk richtet der Hersteller bei der Marktbearbeitung auf den Handel. Mit Hilfe gezielter Verkaufsförderungs- und Merchandising-Aktivitäten und leistungsgerechter Rabattpolitik sollen dem Handel Anreize geboten werden, das Produkt in sein Sortiment aufzunehmen. Der Handel soll dann seinerseits Verkaufsdruck bzw. Angebotsdruck auf die Käufer ausüben. Konsumenten-gerichtete Werbemaßnahmen werden nur ergänzend eingesetzt.

Qualitative And Quantitative Costs Per Thousand
Der Tausender-Kontakt-Preis ist eine Kontaktzahl für die Mediaplanung. Sie ergibt sich aus dem Verhältnis der Werbeträgerkosten × 1000 zu den effektiv erzielten Werbeträgerkontakten. Hierbei handelt es sich allerdings lediglich um einen rein quantitativen TKP (Tausender-Kontakt-Preis), da die Werbeträger in ihrer Qualität nicht gleichgewichtet sind. Daher muss eine Kontaktgewichtung in die Bewertung miteinbezogen werden, um von einem qualitativen TKP sprechen zu können. Beim Medium Internet spricht man bei einem quantitativen TKP über die Kosten pro 1000 AdViews, bei einem qualitativen TKP über die Kosten pro 1000 AdClicks.

Recall

In der Psychologie die Fähigkeit, in der Vergangenheit liegende Wahrnehmungen oder Erlebnisse zu reproduzieren. Dabei bezeichnet speziell in der Markt-, Media- und Werbeforschung der Begriff Erinnerung meist die Fähigkeit, diese Wahrnehmungen und Erlebnisse ohne Gedächtnisstützen aktiv zu reproduzieren, im Gegensatz zur Wiedererkennung oder der gestützten Erinnerung, die eine lediglich passive Gedächtnisleistung bezeichnet.

Der **Aided Recall** bezeichnet die gestützte Erinnerung. Hierbei wird mit Hilfe von Gedächtnisstützen (z. B. Abbildungen, Fotos etc.) ermittelt, inwieweit sich der Befragte an ein Werbemittel und Produkte erinnern kann. In der Markt-, Media- und Werbeforschung gilt die Erinnerung als Indikator für die Wirksamkeit von Marketing- und Werbekampagnen bzw. Effizienz einer Publikation als Werbeträger.

Der sogenannte **Unaided Recall** ist ein Test zur Ermittlung der ungestützten Erinnerung, d. h. ohne Vorlage der Anzeige oder sonstiger Hilfen.

Reminder

Technik, um bei Werbemaßnahmen die Erinnerungsleistung zu erhöhen. Im Medium TV zu sehen, wenn die gekürzte Fassung eines Spots nach dem eigentlichen Spot innerhalb eines Werbeblocks mehrmals zu sehen ist. In den Printmedien in Form von Doppelanzeigen auf nachfolgenden Seiten einer Zeitschrift oder eines Magazins.

Reichweite

Maß für die Größe der regelmäßigen Nutzerschaft, bei Zeitschriften weitester Leserkreis, bei Funk und TV weitester Hörer- bzw. Seherkreis.

- Brutto-Reichweite
  Sie zeigt auf, wie häufig die Nutzer im Laufe einer bestimmten Periode mit dem Medium in Kontakt gekommen sind.
- Netto-Reichweite
  Sie erfasst jede Person, die innerhalb einer festgesetzten Periode mindestens einmal mit dem Medium in Kontakt gekommen ist, z. B. alle Personen, die eine von 12 Monatsausgaben gelesen haben. Dabei wird jede Person nur einmal gezählt.

Penetration
Durchdringung einer Werbebotschaft in einer Zielgruppe.

Reason Why
Begründung für eine Werbeaussage oder für ein Produktversprechen. Die Begründung sollte am besten der Beweis eines Nutzenversprechens für den Konsumenten sein. Ziel ist es, den Konsumenten darin zu bestärken (bzw. ihm zu bestätigen), dass er beim Kauf eines bestimmten Produktes rational richtig handeln wird. Der Reason Why liefert den Grund für diese Bestätigung. Je höher der Anspruch eines Produktes, desto wichtiger der Reason Why.

Relaunch
Überarbeitung eines etablierten Produktes und Einführung im Markt.

Relevant Set
Bekannte Produkte, die vom Verbraucher gezielt gesucht werden.

Research
Markt- und Meinungsforschung.

Response
Die Antwort bzw. Reaktion des Empfängers auf Aktionen des Direktmarketings: Aufträge, Bestellungen, Anforderungen, Anmeldungen und andere Formen der Kontaktaufnahme.

Sampling-Aktion
Verteilung von Gratisproben.

Scribble
Erster, noch ungenauer Entwurf oder Rohzeichnung eines Werbespots oder einer Anzeige.

Share Of Advertising
Anteil der Werbeaufwendungen eines Produkts an der Summe der Werbeaufwendungen aller vergleichbaren Produkte.

Share Of Mind
Anteil der Werbekontakte für ein Produkt an der Summe der Werbekontakte aller vergleichbaren Produkte.

Storyboard
Eine bildliche Darstellung der Filmhandlung, im Gegensatz zum textorientierten Drehbuch.

Slogan
Kurze, einprägsame Kernaussage, die auf allen Werbemitteln erscheint und meist dem Produkt- oder Unternehmens-Logo zugeordnet wird. Der Begriff kommt aus der gälischen Sprache Schottlands und bedeutete Schlachtruf.

Social Web
Ein soziales Netzwerk (Social Web oder Social Network) ist ein Online-Dienst, der eine Online-Community beher-

bergt. Benutzer können über soziale Netzwerke miteinander kommunizieren und teilweise im virtuellen Raum interagieren. Auf der technischen Grundlage eines sozialen Mediums, welches als Plattform zum wechselseitigen Austausch von Meinungen, Erfahrungen und Informationen eingesetzt wird, ergibt sich ein abgrenzbares soziales Netzwerk von Nutzern mit eigens erzeugten Inhalten.

Sponsoring
Sponsoring ist ein Baustein zur integrierten Unternehmenskommunikation und basiert auf dem Prinzip von Leistung und Gegenleistung. Sponsoring wird vor allem in den Bereichen Sport, Kultur und Soziales eingesetzt. Der Sponsor setzt Geld- und Sachmittel sowie Know-how in der Erwartung ein, vom Gesponserten eine Gegenleistung zu erhalten. Sponsoring-Aktivitäten berühren alle Bereiche des Kommunikations-Mix, also Werbung, Verkaufsförderung und Public Relations.

Spontankauf
Nicht geplanter Impulskauf.

Tausender-Kontakt-Preis siehe Qualitative And Quantitative Costs Per Thousand.

Testimonial(s)
Ein Testimonial ist eine Person des öffentlichen Interesses, ein bekannter Schauspieler oder Profi-Sportler, die einem Produkt, einer Dienstleistung oder einem Unternehmen bescheinigt, wie zufrieden sie mit der Nutzung bzw. dem Leistungsangebot ist. Ziel des Einsatzes von Testimonials in der Werbung ist es, das positive Image der Person auf das Produkt-Image zu übertragen. Um eine hohe Glaubwürdigkeit zu erzielen, ist es notwendig, dass Produkt-Image und Eigenschaften der Person konform zueinander sind.

Über Nacht berühmt wird man nur, wenn man tagsüber gearbeitet hat.

Top Of Mind Awareness
Der Begriff Top Of Mind Awareness wird im Markenaufbau und Markenmanagement verwendet, um die außerordentliche Führungsrolle einer Marke im Bewusstsein der Konsumenten darzustellen. Beispiel: Welches Waschmittel fällt Ihnen als erstes ein? Wenn Sie jetzt sagen „Persil", dann ist dieses Produkt für Sie Top Of Mind. Das Ziel jedes Unternehmens ist es, in einer speziellen Kategorie eine Top Of Mind Awareness zu erreichen (engl. *awareness* = Bewusstheit). Top Of Mind zu sein, reicht aber häufig nicht aus. Wenn den meisten Konsumenten bei Waschmittel zuerst Persil einfällt, bedeutet dies leider noch nicht, dass diese Marke auch Top Of Heart ist und am meisten gekauft wird.

UMP (Unique Marketing Proposition)
Die eigenständige Marketing-Konzeption, die einem bestimmten Produkt eine einzigartige Stellung verschafft.

USP (Unique Selling Proposition)
Das einzigartige Nutzenversprechen eines Produktes mit klarer Abgrenzung zum Wettbewerb. Das Erreichen einer Unique Selling Proposition (USP) ist eine Zielgröße des strategischen Marketings. Durch Individualisierungs- und Profilierungsstrategien wird eine Einzigartigkeit und Unverwechselbarkeit, z. B. eines Produktes, eines Betriebstyps oder eines Erscheinungsbildes, angestrebt. Das Erfolgspotenzial der USP hängt wesentlich davon ab, dass diese Einzigartigkeit und Unverwechselbarkeit von den Kunden wahrgenommen wird, für den Kunden wichtig ist und von der Konkurrenz schwer einholbar ist.

Umbrella-Werbung
Auch Dach- oder Schirm-Werbung genannt, bei der nicht das Einzelprodukt, sondern die Marke im Vordergrund steht und auf das gesamte Programm abstrahlen soll.

Wear Out
Abnutzung der Werbewirksamkeit durch ein zu häufiges Senden eines TV-, Kino- oder Radiospots bzw. Wiederholen einer Anzeige.

Werbedruck
Intensität u. a. auch Häufigkeit der Werbekontakte für ein Produkt.

Wobbler
Ein bewegliches Miniplakat für die Platzierung am Warenträger zur Aufmerksamkeitssteigerung. Oft zu sehen an Warenhausregalen.

Zielgruppe
Die Zielgruppe umfasst einen Kreis von aktiven oder potenziellen Kunden, auf die Marketing-Aktivitäten ausgerichtet werden. Die Zielgruppenbildung, d. h. die Differenzierung der Kunden nach relevanten Merkmalen, ist die Grundlage der Marktsegmentierung. Hierbei wird durch den Einsatz von Variablen demografischer, psychografischer Art etc. versucht, Zielgruppensegmente zu bilden, die in sich möglichst homogen und nach außen möglichst heterogen sind. Die Ausrichtung an Zielgruppen ist auch eine Hauptaufgabe der Media-Planung. Zur Vermeidung von Streuverlusten werden diejenigen Werbeträger ausgewählt, die die angestrebten Kundenkreise am besten erreichen. Sowohl für die Media-Planung als einem instrumentellen Teilbereich des Marketings, als auch für die Marktsegmentierung, stellt sich das Problem der zeitlichen Stabilität der Zielgruppen bzw. das Problem der Zielgruppendynamik.

Zielgruppenanalyse
Die Zielgruppenanalyse ist ein Mittel zur Bestimmung und Interpretation einer Zielgruppe. Die Identifikation von Zielgruppen ist wichtig für gezielte Öffentlichkeitsarbeit, da diese hinsichtlich ihrer Informationsinteressen in die kommunikativen Maßnahmen einbezogen werden müssen. Damit Zielgruppen direkt angesprochen werden und die spezielle Information vermittelt werden kann, sollten Zielgruppen mittels einer Analyse möglichst scharf differenziert und beschrieben werden.

Es ist nicht genug zu wissen, man muss es auch anwenden.

Zum Nachschlagen

Der Autor

Vor fast 30 Jahren begann **Helmut Knöpfle** aus Simbach/Landau seinen Weg in die Welt der exquisiten Drinks und Spirits. Seitdem arbeitete er für bekannte Unternehmen der Spirituosen-Industrie wie z. B. Bacardi, Jack Daniel's, Schlumberger, Campari. Ebenso für Marken schottischer Whiskymanufakturen wie Glenfiddich, The Balvenie, Glen Grant, Glenmorangie, Ardbeg, Bowmore, Auchentoshan, sowie auch für Obstdestillate wie z. B. aus dem Haus Freihof-Hämmerle.

Seit 2010 vertritt der international vernetzte Experte in Deutschland die Premium Spirits der Campari Group, darunter ausgezeichnete Whiskys, vollmundige Rums, delikate Gins und zahlreiche weitere edle Spirituosen aus aller Welt. Helmut Knöpfle ist international gefragter Redner und Jury-Mitglied diverser Spirituosen-Awards. Als Ausbilder und Dozent gibt er Seminare und Kurse, in denen er Fachpublikum, Verkäufern, Barkeepern und Profis der Gastronomie sein Spirituosen- und Marketing-Fachwissen vermittelt.

Impressum

Bildquellen: Alle Fotos und das Titelfoto stammen vom Autor mit Ausnahme der folgenden: alphaspirit/Shutterstock.com: S. 146, andriano.cz/Shutterstock.com: S. 180, arek_malang/ Shutterstock.com: S. 36 (unten), ASDF_MEDIA/Shutterstock.com: S. 58, AwaylGl/Shutterstock.com: S. 34, Bloomicon/Shutterstock.com: S. 114, Brian A Jackson/Shutterstock.com: S. 136, eranicle/ Shutterstock.com: S. 33 (unten), gpointstudio/Shutterstock.com: S. 19, gst/Shutterstock.com: S. 37, keport/Shutterstock.com: S. 35, optimarc/Shutterstock.com: S. 106, Pablo Calvog/Shutterstock.com: S.32, Peshkova/Shutterstock.com: S. 6, rudall30/Shutterstock.com: S. 36 (oben), ruigsantos/ Shutterstock.com: S. 33 (oben), TierneyMJ/Shutterstock.com: S. 154, TierneyMJ/Shutterstock.com: S. 40, Trueffelpix/Shutterstock.com: S. 28, turgaygundogdu/Shutterstock.com: S. 68

Die in diesem Buch enthaltenen Empfehlungen und Angaben sind vom Autor mit größter Sorgfalt zusammengestellt und geprüft worden. Eine Garantie für die Richtigkeit der Angaben kann aber nicht gegeben werden. Autor und Verlag übernehmen keine Haftung für Schäden und Unfälle. Bitte setzen Sie bei der Anwendung der in diesem Buch enthaltenen Empfehlungen Ihr persönliches Urteilsvermögen ein.
Der Verlag Eugen Ulmer ist nicht verantwortlich für die Inhalte der im Buch genannten Websites.

Bibliografische Information der Deutschen Nationalbibliothek
Die Deutsche Nationalbibliothek verzeichnet diese Publikation in der Deutschen Nationalbibliografie; detaillierte bibliografische Daten sind im Internet über http://dnb.d-nb.de abrufbar.

Wollgrasweg 41, 70599 Stuttgart (Hohenheim)
E-Mail: info@ulmer.de
Internet: www.ulmer.de
Lektorat: Lisa Seibel, Sabine Drobik
Herstellung: Birgit Heyny
Umschlag-Gestaltung: Verlag Eugen Ulmer
Satz: Fotosatz Buck, Kumhausen
Druck und Bindung: Firmengruppe APPL, aprinta druck, Wemding
Printed in Germany

ISBN 978-3-8186-0836-1

Hier können Sie weiterlesen

Stärkehaltige Rohstoffe für die Brennerei.

Für Whisky, Korn & Co.
Philipp Schwarz. 2018.
128 Seiten, 89 Farbfotos, kart.
ISBN 978-3-8186-0340-3.

Dieses Buch bietet einen umfassenden Einblick in die Verarbeitung stärkehaltiger Rohstoffe. Der Autor spannt den Bogen von der Maischebereitung über Gärung und Destillation bis hin zur Fasslagerung und Fertigstellung des Destillats. Kompakte Getreideporträts zeigen die vielfältigen Möglichkeiten zur Herstellung edler und ausgefallener Brände. Ob Kartoffeldestillat als Basis für Spirituosen, Whisky mit Sherryfass-Finish oder Bierbrand im Kastanienholzfass – erweitern Sie Ihre Produktpalette um charakterstarke Destillate.

Auf gehts an den Brennkessel

Eine Brennerei einrichten.
Günter Röhrig,
Werner Albrecht. 2017.
122 Seiten, 78 Fotos, kart.
ISBN 978-3-8186-0098-3.

Durch den Wegfall des Branntweinmonopols darf in Zukunft jeder Landwirt unter bestimmten Voraussetzungen eine sogenannte Abfindungsbrennerei betreiben. Doch was ist rechtlich zu bedenken und welche Geräte brauche ich dazu? Dieses Buch gibt Antworten auf diese Fragen und nimmt Sie Schritt für Schritt an die Hand.

Edle Tropfen destillieren

Schnaps brennen.

Klaus Hagmann, Birgit Essich.

3., aktualisierte Auflage 2019.

112 Seiten, 64 Farbfotos, kart.

ISBN 978-3-8186-0833-0.

Dieses Buch vermittelt kompaktes Grundlagenwissen für Einsteiger und wertvolle Informationen für erfahrene Obstbrenner. Von der Vorbereitung der Früchte über die benötigten Geräte und den kompletten Brennvorgang bis zur Weiterverarbeitung des Destillats erfahren Sie alles, damit Sie Ihren eigenen Schnaps selber brennen können. Der Fehlerkompass zeigt mögliche Fehlerquellen auf. Ein Highlight ist das Kapitel zur sensorischen Kontrolle und Beurteilung von Obstbränden. Mit Rezepten von Ansatzschnäpsen.